Viagra hilft
Hamstern bei Jetlag

Viagra hilft Hamstern bei Jetlag

Die volle Dosis unnütze Wissenschaft

Bekannt aus Facebook

Bibliografische Information der Deutschen Nationalbibliothek
Die Deutsche Nationalbibliothek verzeichnet diese Publikation in der Deutschen Nationalbibliografie; detaillierte bibliografische Daten sind im Internet über http://d-nb.de abrufbar.

Für Fragen und Anregungen:
unnuetzeswissen@rivaverlag.de

1. Auflage 2014

© 2014 by riva Verlag, ein Imprint der Münchner Verlagsgruppe GmbH,
Nymphenburger Straße 86
D-80636 München
Tel.: 089 651285-0
Fax: 089 652096

Herausgeber: Pulpmedia GmbH
Illustrationen: Patrick Schmid, Pulpmedia GmbH
Redaktion: Dunja Reulein und Manuela Kahle, München
Umschlaggestaltung: Patrick Schmid, Pulpmedia GmbH
Umschlagabbildung: Patrick Schmid, Pulpmedia GmbH
Satz: Georg Stadler, München
Druck: CPI – Ebner & Spiegel, Ulm
Printed in Germany

ISBN Print: 978-3-86883-346-1
ISBN E-Book (PDF): 978-3-86413-432-6
ISBN E-Book (EPUB, Mobi) 978-3-86413-433-3

Weitere Informationen zum Verlag finden Sie unter

www.rivaverlag.de

Beachten Sie auch unsere weiteren Verlage unter
www.muenchner-verlagsgruppe.de

INHALTSVERZEICHNIS

BIOLOGIE & ZOOLOGIE

Viagra hilft Hamstern bei Jetlag.

Adeliepinguine setzen ihre Exkremente mit viermal so hohem Druck wie der Mensch frei.

Tausendfüßler haben maximal 750 Beine.

Termiten können sich bei einem Angriff selbst in die Luft sprengen und dabei eine giftige Flüssigkeit versprühen.

Das Skelett eines Fregattvogels wiegt nur halb so viel wie seine Federn.

Kuckuckseier sehen komplett unterschiedlich aus – bei jedem Kuckuck sind die Farbe und Musterung an einen bestimmten Wirtsvogel angepasst.

Stabheuschrecken haben bis zu zehn Wochen lang Sex.

Cymothoa exigua ist eine parasitäre Assel, die die Zunge von Fischen zerstört und deren Funktion übernimmt.

Ratten und Tauben sind abergläubisch.

Vor mehr als 3000 Jahren wurden im Krieg mit der Hasenpest infizierte Schafböcke als biologische Waffe benutzt, um den Feind zu schwächen. Der Trick funktionierte.

Eisbären urinieren oft monatelang nicht.

Bei Hallucigenia handelt es sich um eine ausgestorbene Tiergattung, die im mittleren Kambrium lebte und die wegen ihres seltsamen Aussehens so heißt – sie sieht aus wie einer Halluzination entstammend.

Das Wort »Orchidee« bedeutet »Hodenblume«.

Die Speckschicht von Walen und Robben heißt Blubber.

Um eine Tunika zu färben, brauchten die Phönizier 10 000 Purpurschnecken.

Ein Thunfisch kann eine Geschwindigkeit von bis zu 80 Kilometern pro Stunde erreichen.

Frösche kotzen ihren gesamten Magen mit aus. Anschließend verschlucken sie ihn wieder.

Das Herz einer gestressten Spitzmaus schlägt über 1.200-mal pro Minute.

Der Pottwal saugt Pinguine wie ein rohes Ei aus und spuckt die Reste zurück ins Meer.

Pro Jahr werden etwa 18 000 neue Arten von Lebewesen entdeckt.

Eine Klapperschlange kann durch ihren Reflex noch eine Stunde nach ihrem Tod zubeißen.

Die sogenannte Jesus-Christus-Echse kann bis zu fünf Meter auf den Hinterbeinen über das Wasser laufen.

Der engste lebende Nachfahre des Tyrannosaurus rex ist das Huhn.

Paradonea presleyi ist eine Spinnenart, die nach Elvis Presley benannt ist.

Elefanten verwenden ihren Penis, um Fliegen zu verscheuchen und sich zu kratzen.

Ameisen produzieren ständig einen Duftstoff, der sie als lebendig ausweist, damit sie nicht wie tote Tiere aus der Kolonie getragen werden.

Das sogenannte Papierboot (ein Meerestier) trennt zur Fortpflanzung seinen eigenen Penis ab, der daraufhin eigenständig in das Weibchen wandert.

Der Plattwurm hat zwei Penisse, die sich in seinem Mund befinden.

Weißkopfseeadler haben keinen Penis.

Bei der Melonenqualle bestimmt die Eizelle selbst, von welchem Spermium sie sich befruchten lässt. Sobald mehrere Spermien in die Zelle eingedrungen sind, wandert der Zellkern in der Zelle umher und »besichtigt« die Kandidaten, um schließlich einem die Befruchtung zu gestatten. Der Auswahlprozess kann mehrere Stunden dauern.

Enten haben einen korkenzieherförmigen Penis.

Spatzen benutzen weggeworfene Zigarettenstummel zum Nestbau, um ihre Brut vor Parasitenbefall zu schützen.

Wenn Igel tote Schnecken aus Bierfallen fressen, können sie betrunken oder gar zu Alkoholikern werden.

Die Venen eines Blauwals sind so groß, dass ein Mensch in ihnen schwimmen könnte.

Genforscher haben Schafe, die im Dunkeln leuchten, erschaffen.

Die Farbe der Eier, die ein Huhn legt, lässt sich am Ohrläppchen erkennen. Hat eine Henne weiße Ohrläppchen, legt sie weiße Eier, hat sie rote Ohrläppchen, legt sie braune Eier.

Der Schweiß von Nilpferden sieht aus wie Blut.

Befindet sich ein weibliches Katzenbaby im Leib der Mutter zwischen zwei männlichen, zeigt es später ein aggressiveres Verhalten.

Afrikanische Nacktmulle empfinden keine Schmerzen, wenn sie mit Säure in Berührung kommen.

Obwohl Tauben keine Säugetiere sind, füttern sie ihre Jungen mit Milch. Taubenmilch ist in der Zusammensetzung der Muttermilch ähnlich und wird sowohl vom Taubenvater als auch von der Taubenmutter im Kropf gebildet.

Laut Untersuchungen bleiben Pflanzen gesünder, wenn man sie streichelt.

12 Prozent des Gewichts eines Hühnereis entfallen auf die Schale.

Um ein Straußenei hart zu kochen, braucht man 90 Minuten.

Himbeeren, Erdbeeren, Holunderbeeren und Wacholderbeeren gehören nicht zur Gattung der Beeren.

Die Antibabypille für den Menschen wirkt auch bei Gorillas.

Hühner legen beim Hören von Popmusik mehr Eier.

Drei Viertel jeder Kartoffel sind Wasser.

Die Knallkrebse (auch Pistolenkrebse genannt) können ihre Schere mit einer Geschwindigkeit von 100 Stundenkilometern schließen.

Bei Kakerlaken funktioniert die Evolution rasend schnell: In den 80er-Jahren verlor eine Population ihre Vorliebe für Süßes, nachdem Maissirup als Lockmittel für Insektenfallen verwendet worden war.

Salamandern wachsen ganze Gliedmaßen und sogar Teile des Herzens nach.

Forscher haben herausgefunden, dass der Transfer von »jungem« Blut in alte Mäuse deren Herz verjüngt.

Die Nachrichtenagentur Reuters begann ihren Pressedienst mit Brieftauben.

Elstern treffen schneller Entscheidungen, wenn Menschen sie direkt ansehen.

Die sogenannten Schiffshalter sind Fische, die sich mithilfe einer Saugplatte am Oberkopf an anderen Fischen oder auch Schiffen festhalten und mitnehmen lassen.

Ochsenfrösche fressen Singvögel.

Fliegen können nur flüssige oder sehr weiche Nahrung aufnehmen. Auf andere Nahrung wie etwa Brotkrümel wird so lange der eigene Speichel aufgetragen, bis die Fliege sie fressen kann.

Manche Meeresschnecken verdauen die zur Verteidigung bestimmten Hautzellen ihrer Opfertiere nicht, sondern integrieren sie in den eigenen Körper und nutzen sie zur eigenen Verteidigung.

Bienen markieren Blumen mit einem chemischen Signal, wenn sie in deren Nähe angegriffen wurden. Dadurch werden Artgenossen gewarnt.

Der Israelische Scheibenzüngler, ein Frosch, wurde, 60 Jahre nachdem er für ausgestorben erklärt worden war, wiederentdeckt.

Wissenschaftler haben einen einzigen Affen aus mehreren Affenembryos zusammengesetzt.

Auch Hunde können an Zwangsstörungen leiden. Sie weisen dabei dieselben Gehirnabnormalitäten wie Menschen mit der Erkrankung auf.

Manche Fische können beeinflussen, wie Licht auf ihrer Haut reflektiert wird, und sich dadurch tarnen.

Der Tower von London wurde auch als Zoo genutzt.

Bärenspinner (eine Unterfamilie der Schmetterlinge) können das Sonar von Fledermäusen blockieren, um nicht gefressen zu werden. Dazu stoßen sie 4500 Klickgeräusche pro Sekunde aus, sobald sie attackiert werden.

Ein Vier-Millionen-Dollar-Preis wartet auf denjenigen, der die Lebensdauer von Mäusen verlängern kann. Dies würde dazu dienen, Versuchsergebnisse besser auf den Menschen umlegen zu können.

Haie verlieren in ihrem Leben bis zu 30 000 Zähne.

Thor Heyerdahl entdeckte auf seiner Fahrt mit dem Floß Kon-Tiki die Schlangenmakrele.

Ratten können ihre Augen unabhängig voneinander in unterschiedliche Richtungen bewegen – Menschen hingegen folgen einem Objekt immer mit beiden Augen.

Bei den Schlauchwürmern verläuft der Darm mitten durchs Gehirn.

Das bisher kleinste Wirbeltier wurde 2012 entdeckt – es handelt sich um einen Frosch, der nur 7,7 Millimeter groß ist.

Das umfassendste Genom, das bisher komplett aufgezeichnet wurde, ist das der Fichte.

Ebenso wie menschliche Sprache entwickeln sich Vogelgesänge auseinander, wenn eine Vogelpopulation in großer Entfernung von anderen lebt.

Die Ameisengattung Paratrechina heißt auch »Crazy Ant«.

Das 505 Millionen alte Fossil Kooteninchela deppi ist nach Johnny Depp benannt – da die Scheren des Fossils an »Edward mit den Scherenhänden« erinnern.

Je größer ein Teichrohrsänger-Weibchen ist, umso promiskuitiver ist es.

Ameisen sterben nicht, wenn sie aus einem Flugzeug fallen.

Der Axolotl wird auch als »Mexican Walking Fish« bezeichnet – obwohl er nicht zu den Fischen, sondern zu den Amphibien zählt.

Im Gegensatz zum Menschen haben die meisten anderen Wirbeltiere die Fähigkeit, neue Zähne zu bilden. Die Zähne des Alligators können etwa bis zu 50-mal nachwachsen.

Die Kaulquappen des Budgettfrosches sind Kannibalen.

Die Große Wachsmotte kann von allen Tieren die höchsten Töne hören: bis zu 300 kHz (Menschen hören nur bis zu 20 kHz).

Chilipflanzen produzieren weniger Samen, wenn sie neben Fenchelpflanzen wachsen. In der Nähe von Basilikum produzieren sie mehr Samen.

Manche Spinnenmännchen fressen jene Weibchen, die als »nicht gut genug« für die Paarung eingestuft werden.

Da der Wurm Osedax kein Maul hat, gibt er Säure ab und löst so Nährstoffe aus Walskeletten, die er dann über den Fuß aufnimmt.

Einige Zikadenarten in den USA paaren sich nur alle 17 Jahre.

Ratten neigen im Gegensatz zu Menschen stärker zu Depressionen, wenn die Tage länger werden.

Guppys können bis zum Achtfachen ihrer eigenen Körperlänge springen.

Auch Fliegen können an Depressionen erkranken.

Erwachsene und ihre Hunde haben mehr derselben Bakterien am Körper als Erwachsene und ihre Kinder.

Wenn die Weibchen der Fliegenart Euxesta bilimeki von einem bestimmten Männchen nicht schwanger werden wollen, stoßen sie dessen Spermien wieder aus und fressen sie.

Katzen teilen sich ihr Territorium mit anderen Katzen auch zeitlich auf.

»Aha ha« ist der Name einer Grabwespenart.
»Loa loa« ist der Name eines parasitischen Fadenwurms.
»Aa« ist der Gattungsname eines Weichtiers und einer Orchidee.
»Ada aa« ist eine Orchidee.
»Zyzzyx« ist der Gattungsname einer Grabwespe.
»Xela alex« ist der Name einer Schwebefliege.
»Allenella« ist der Gattungsname einer Nacktschnecke.

Geparden sind nicht aufgrund ihrer Geschwindigkeit so gute Jäger, sondern weil sie schneller als andere Tiere umdrehen können.

Histiophryne psychedelica ist ein Anglerfisch, dessen Färbung den Sinneseindrücken eines psychedelischen Rausches gleichen soll.

Der Biologe Ilja Iwanow versuchte Anfang des 20. Jahrhunderts, Menschen und Affen zu kreuzen, um dadurch den Urmenschen zu rekonstruieren.

Das Gebrüll von Brüllaffen hört man bis zu fünf Kilometer weit.

Bambus blüht je nach Art alle 12 bis 120 Jahre.

Der Jemen-Waran – ein Reptil – wurde 1985 zufällig in einem Fernsehbericht über den Jemen entdeckt.

Die Juwelwespen legen ihre Larven in den Körper von Schaben.

Ein 80 Kilogramm schwerer Mensch kann sich auf eine Panzerspitzmaus stellen, ohne dass diese dabei zu Schaden kommt – das liegt an der besonderen Beschaffenheit der Wirbelsäule des Tiers.

Der sogenannte Selbstmordbaum ist eine Pflanze, die in Indien häufig dazu eingesetzt wird, Suizid zu begehen. Sie ist hochgiftig.

Unter Coolidge-Effekt versteht man den Widerwillen eines männlichen Individuums, stets mit demselben Weibchen Sex zu haben. Benannt wurde der Effekt nach dem US-Präsidenten Calvin Coolidge.

Der wissenschaftliche Name des Westlichen Flachlandgorillas lautet Gorilla gorilla gorilla.

Delfine verbringen 80 Prozent ihres Lebens mit Sex.

Der Tibetanische Raupenkeulenpilz kostet zwischen 20 000 und 80 000 US-Dollar pro Kilo.

Fische können in verschiedenen Oktaven furzen.

George Murray Levick erforschte von 1910 bis 1913 das Sexualverhalten der Pinguine. Dieses erschien ihm so pervers, dass er seine Ergebnisse versteckte – erst 97 Jahre später wurden sie veröffentlicht.

Rote Riesenkängurus können ihre Schwangerschaft in stressigen Zeiten unterbrechen und später fortführen.

Manche Weichschildkröten können über 15 Stunden unter Wasser bleiben.

Das Gift des Wunderbaums ist 12.000-mal tödlicher als das Gift einer Klapperschlange.

Die Hummelfledermaus ist nur drei Zentimeter groß.

Faultiere brauchen einen ganzen Monat, um eine Mahlzeit zu verdauen.

»Bloop« ist ein Ton im Ozean, dessen Quelle unbekannt ist – womöglich handelt es sich um ein extrem großes Tier.

Das Gift einer einzigen Seewespe kann 60 bis 70 Menschen töten.

Das wahrscheinlich älteste Tier der Welt ist ein Riesenschwamm im Südpolarmeer der Art Scolymastra joubini – er wird auf 10 000 Jahre geschätzt.

Goldhamster sind nur 16 Tage schwanger, Elefanten 22 Monate.

Antarktische See-Elefanten können bis zu zwei Stunden die Luft anhalten.

Bei Ratten führen die gleichen chemischen Stoffe, die Gähnen und Strecken hervorrufen, auch zur Erektion.

Der Indopazifische Fächerfisch kann sich mit bis zu 230 Kilometern pro Stunde fortbewegen.

Pro Jahr sterben ca. 5 bis 15 Menschen nach Haiattacken, nach Elefantenattacken bis zu 600 jährlich.

Die Kraken der Spezies Taningia danae pflanzen sich fort, indem das Männchen fünf Zentimeter tiefe Wunden in das Fleisch des Weibchens reißt und dort seine Spermienpakete deponiert.

Männer, die von der brasilianischen Wanderspinne gebissen werden, leiden stundenlang unter einer schmerzhaften Dauererektion.

Die DNA von Schimpansen stimmt zu 95 Prozent mit der menschlichen DNA überein.

Das Rotbunte Husumer Protestschwein – auch Dänisches Protestschwein genannt – ist eine seltene Hausschweinrasse.

Die Kimjongilia ist eine Blume, die zu Ehren von Kim Jong Il gezüchtet wurde.

Der Vorfahre des Piranhas, der Megapiranha, war bis zu einen Meter lang.

Es gibt keine bekannten Fälle, in denen Piranhas einen Menschen getötet haben.

Blattschneiderameisen bauen einen bestimmten Pilz an und nutzen ihn – ähnlich der menschlichen Landwirtschaft.

Alle Äste eines Baums zusammen sind genauso dick wie sein Stamm.

Die Früchte des Sandbüchsenbaums »explodieren« und schleudern ihre Samen mit mehr als 250 Stundenkilometern fort.

Auch Dinosaurier hatten Flöhe.

Der Pilz Laetiporus schmeckt wie Hühnchen.

Mithilfe eines »Bioprinters« haben Wissenschaftler eine Herzklappe »gedruckt«.

Tannenzapfen sind entweder nur männlich oder nur weiblich.

Ein Pilz im Amazonas kann Plastik »verdauen«.

Ein Wissenschaftler hat ein »Ratten-Utopia« geschaffen, in dem immer genug zu fressen vorhanden war. Die Folge: eine Überbevölkerung, die zu extremen Aggressionen und einem Zusammenbruch der »Ratten-Gesellschaft« führte.

Orangen sind häufig nicht orange, wenn sie in tropischem Klima wachsen, sondern grün.

Würfelförmige Wassermelonen kosten dreimal so viel wie runde.

Die von uns verzehrten Bananen können sich ausschließlich mit menschlicher Hilfe fortpflanzen.

In Utah befindet sich ein Wald, der aus einem einzigen Baum besteht – alle dort wachsenden Bäume sind über die Wurzeln miteinander verbunden und bilden einen einzigen Organismus.

Die Schalen von Cashewnüssen verursachen auf menschlicher Schleimhaut schwere und auf menschlicher Haut leichte Verätzungen.

Der älteste bekannte Baum der Welt war eine Langlebige Kiefer mit dem Namen Prometheus, die 1964 gefällt wurde. Sie war 4950 Jahre alt.

Der Name der Amorphophallus, einer Pflanzengattung, bedeutet wörtlich »unförmiger Penis«.

Die Titanenwurz riecht nach verrottendem Fleisch.

Der Felsenhahn heißt auf Englisch »Cock-of-the-rock«.

Die »Fäden« an Bananen sind sogenannte Leitbündel. Sie leiten Wasser durch die gesamte Bananenpflanze.

Bärtierchen (kleine Wassertiere) können einige Tage im Weltall überleben.

Der Eulenpapagei wird auch Kakapo genannt und ist der einzige flugunfähige Papagei.

Regenwürmer haben zehn Herzen, aber keine Lunge.

Die »Hoff-Crab« ist eine Tiefseekrabbe, die wegen ihrer »Brustbehaarung« nach David Hasselhoff benannt wurde.

Weibliche Kaiserfische können bei Bedarf ihr Geschlecht ändern.

Schweinen ist es körperlich unmöglich, in den Himmel zu sehen.

Ein Seepferdchen kann seine Rückenflosse bis zu 35-mal pro Sekunde bewegen.

Buckelwale können neue Gesänge lernen.

Der Manchinelbaum ist so giftig, dass, wenn man bei Regen darunter steht, Blasen auf der Haut entstehen. Wird der Baum verbrannt, kann der Rauch zu Blindheit führen.

»Satan« ist eine Gattung der Katzenwelse.

Kaninchen können nicht erbrechen, weil ihre Magenmuskulatur zu schwach ausgeprägt ist.

Über der Insel Guam werden tote, mit Paracetamol vollgepumpte Mäuse mit Papierfallschirmchen abgeworfen, um eine eingeschleppte Schlangenart zu bekämpfen. Paracetamol ist für Schlangen giftig.

Zugvögel fliegen von Süden nach Norden schneller als in die andere Richtung.

Bei extremer Kälte können Baumstämme explodieren, da ihr Zellsaft gefriert.

Tauben können menschliche Gesichter unterscheiden und bestimmte Personen wiedererkennen.

Singvögel können lernen, mit einem pfeifenden Menschen im Gleichklang zu singen. Hört der Mensch auf zu pfeifen, singen die Vögel die Melodie korrekt weiter.

Auch Affen können rassistisch sein.

Die Sorte Ananaserdbeere sieht aus wie eine weiße Erdbeere und schmeckt nach Ananas.

Die Blätter des Rhabarbers sind giftig.

Hinter dem Biss eines Krokodils steckt 15-mal so viel Kraft wie hinter dem Biss eines Rottweilers.

Der Pilz Schizophyllum commune hat 28 000 verschiedene Geschlechter.

Paviane in Saudi-Arabien wurden dabei beobachtet, streunende Hunde als eine Art »Haustier« zu halten.

Guppy-Männchen zeugen nach ihrem Tod noch Nachwuchs – die Weibchen »speichern« ihre Spermien zur späteren Verwendung.

Gemüse und Obst »stirbt« nicht sofort, wenn man es erntet, sondern reagiert noch Tage danach auf äußere Reize.

Als sessile Tiere bezeichnet man solche Tiere, die ihren Aufenthaltsort nicht wechseln können, etwa Korallen.

Das älteste Tier, dessen Genom sequenziert wurde, ist ein 700 000 Jahre altes Pferd.

Das »Anxiety Wrap« ist ein Produkt für Hunde, die zum Beispiel ängstlich auf laute Geräusche reagieren. Es handelt sich um eine Art Mäntelchen, das leichten Druck auf den Körper des Hundes ausübt.

Tintenfische haben in ihren Augen keinen blinden Fleck.

Neunaugen sind eine invasive Art in den Seen Nordamerikas – die Regierungen der USA und Kanadas geben jährlich 15 Millionen Dollar aus, um die Art unter Kontrolle zu halten.

Auch Affen spielen gerne Glücksspiele.

Auch Hunde und Schafe können an Onychophagie (Nägelkauen) leiden. Schafe kauen jedoch nicht sich selbst, sondern ihren Artgenossen die Klauen ab.

Auch Elefanten laufen Amok.

Strudelwürmer, deren abgetrennter Kopf nachwächst, verfügen danach wieder über ihre alten Erinnerungen.

Die Hoden der männlichen Südlichen Grünmeerkatze sind strahlend blau.

Die Seefledermäuse sind Fische, die sich oft gehend über den Meeresboden bewegen, anstatt zu schwimmen.

Wenn manche Pflanzen gefressen werden, senden sie zum Selbstschutz ein chemisches Signal aus, das Räuber anlockt, die die »Pflanzenfresser« eliminieren.

Das Gehirn eines Tintenfischs ist ringförmig.

Krötenechsen verteidigen sich mithilfe von Reflexbluten – dabei bringen sie Blutgefäße am Augenrand zum Platzen und stoßen ihr faulig riechendes Blut bis zu eineinhalb Meter weit aus.

Der australische Dornteufel verfügt über einen »falschen Kopf« am Nacken, mit dem er seine natürlichen Feinde täuscht.

Ein Oktopus hat Geschmacksnerven an jedem Saugnapf.

Zwei neu entdeckte Spinnenarten in China sind kleiner als ein Sandkorn.

Füttert man ein Kaninchen ausschließlich mit Karotten, stirbt es.

Katzen, die zu viel Thunfisch fressen, bekommen die Gelbfettkrankheit.

Männliche mexikanische Bulldoggfledermäuse singen, um Weibchen anzulocken. Sobald dies geschafft ist, singen sie andere, komplexere Lieder, um deren Interesse zu halten.

Der Moskito hat 47 Zähne.

Es gibt Obstsalat-Bäume.

Weibliche Komodowarane können sich bei Bedarf ohne die Hilfe von Männchen, durch Parthenogenese, fortpflanzen.

Eine Raupe hat dreimal so viele Muskeln wie ein Mensch.

Koloss-Kalmare haben die größten Augen im ganzen Tierreich.

Die meisten Kühe geben mehr Milch, wenn sie Musik von Beethoven oder REM hören, weil diese den Stress reduziert.

Das Riechzentrum von Haien kann bis zu zwei Drittel ihres Gehirns ausmachen, weshalb sie Blut in Wasser in milliardenfacher Verdünnung wahrnehmen können.

Enten haben immer kalte Füße, dadurch frieren sie nicht an Eisflächen fest.

Giraffen schlafen nur 1,9 Stunden am Tag.

Ostpazifische Delfine sind die zahnreichsten Tiere. Sie haben bis zu 252 Zähne.

Grillen hören mit den Beinen, ihre Hörorgane sitzen unterhalb des Knies.

Heuschrecken haben weißes Blut.
Einige wirbellose Tiere haben farbloses Blut.
Tintenfische und Spinnentiere haben blaues Blut.

Der Katzenhai legt rechteckige Eier.

Den Höcker am Kopf eines Delfins nennt man Melone.

Der Gemeine Ohrenkneifer hat zwei Penisse, von denen einer gelegentlich abbricht.

Die Fünffingerige Handwühle sieht aus wie ein Regenwurm mit zwei Vorderfüßen und keinen weiteren Gliedmaßen.

Okapis sondern bei jedem Schritt eine teerartige Substanz ab, mit der sie ihr Revier markieren.

Um Weibchen anzulocken, bläst die männliche Mützenrobbe (auch Klappmütze genannt) einen zwischen ihren Augen hängenden Sack auf.

Knurrhähne sind eine Fischfamilie.

Ein vor Kurzem neu entdeckter Wurm erhielt aufgrund seiner Form die Namen »Pigbutt Worm« (Schweinehintern-Wurm) und »Flying Buttocks« (Fliegende Pobacken).

Der Frosch Theloderma asperum sieht wie ein Batzen Vogeldreck aus – so tarnt er sich vor Räubern.

Libellenlarven jagen, indem sie ihren Unterkiefer blitzschnell nach vorne werfen und ihre Beute fangen.

Drescherhaie klatschen ihre Beute mit der Schwanzflosse zu Tode.

Tiger nehmen Rache an Menschen, die ihnen geschadet haben: Nachdem ein Mann einen Tiger verletzt hatte, zerstörte dieser dessen Jagdhütte komplett.

Termiten verfügen über eine Art »Schusswaffe« (»Fontanellar Gun«) im Gesicht, aus der sie eine klebrige Substanz schleudern, um Angreifer abzuwehren.

In der Studie »Bats eavesdrop on the sound of copulating flies« wird die Tatsache behandelt, dass sich Fledermäuse darauf spezialisieren, Fliegen zu finden, die sich gerade paaren. Dadurch bekommen sie eine doppelt so große Mahlzeit.

»ZomBees« werden Bienen genannt, die mit dem Parasiten Apocephalus borealis infiziert sind und dadurch ein seltsames, zombiehaftes Verhalten an den Tag legen.

Forscher haben es geschafft, Mäusen falsche Erinnerungen einzupflanzen.

Moskitos stechen am liebsten Menschen mit der Blutgruppe 0.

Der männliche Guppy verfügt über zwei »Klauen« am Penis, um eine erfolgreiche Befruchtung sicherzustellen.

Hähne krähen auch ohne Morgenlicht immer zur selben Zeit.

Der Ruf der Laubheuschrecke Arachnoscelis arachnoides kann so laut wie eine Motorsäge sein – da er aber im Ultraschallbereich liegt, kann er vom Menschen nicht gehört werden.

Hunde, die »Linkshänder« sind, verhalten sich Fremden gegenüber aggressiver.

Die genetisch veränderten »Forrest-Gump-Mäuse« heißen so, weil sie zwar weit laufen können, allerdings nicht sonderlich klug sind.

Meeresschwämme können Löcher in Kalksteine bohren.

Präriehunde können ihren Artgenossen Menschen beschreiben: Zum Beispiel warnen sie einander mit nur einem Laut vor einem »kleinen, dünnen Menschen in grüner Kleidung, der auf uns zuläuft«.

Würgerkrähen spießen ihre Beute an Ästen auf, um sie so leichter verwahren zu können.

Die Raupen des Lungenenzian-Ameisenbläulings ahmen die Larven der Knotenameisen nach und werden so von diesen verpflegt, bis sie schlüpfen. Die tatsächlichen Ameisenlarven werden vernachlässigt. Sobald der Schmetterling schlüpft, muss er sofort aus dem Ameisenbau flüchten.

Katzen, die nur Fleisch fressen, müssen nicht trinken.

Manche Spinnen bauen aus toten Käfern und ihrem eigenen Faden ein Double von sich selbst, um Jäger zu verwirren.

Der Hornhecht hat grüne Gräten.

In Namibia werden Esel als Wachhunde für Viehherden eingesetzt.

Fische können seekrank werden.

Mithilfe des Rüttelflugs können einige Vogelarten in der Luft stehen. Sie verlieren dabei weder an Höhe noch ändert sich ihre Position in Bezug zu einem festen Punkt an der Erde.

Islandmuscheln werden bis zu 400 Jahre alt.

Die Urahnen der Kamele kamen aus der Arktis.

US-Forscher haben eine Unterwasserhupe erfunden, mit der Fische oder Meeressäuger vor herannahenden Schiffen gewarnt werden.

Kraken haben drei Herzen.

Der Kiefer des Seeigels heißt auch »Laterne des Aristoteles«.

Eisbären haben eine blaue Zunge.

Bäume berechnen den Zeitpunkt des Sonnenaufgangs mithilfe einer »inneren Uhr«.

Orchideen täuschen Insekten optisch das Vorhandensein von Nektar vor, um bestäubt zu werden.

Neben dem Menschen kommt die Menopause nur noch bei Walen und in Gefangenschaft lebenden Schimpansen vor.

Kartoffeln enthalten Valium.

Moose können Hunderte Jahre im Eis gefroren sein. Taut das Eis, wachsen die Pflanzen weiter.

Bei Delfinen sind alle Zähne gleich.

Das Lesula-Äffchen hat einen leuchtend blau gefärbten Penis.

Mit Malaria infizierte Mücken reagieren auf den Duft von Menschen stärker als ihre Artgenossen.

Kraken jagen auch an Land nach Beute.

Ameisen wechseln in ihrem Leben mehrmals den Job.

Der männlichen Hipster-Kröte wachsen Dornen am Maul, mit denen sie gegen männliche Rivalen und Feinde kämpft.

Bienen kommunizieren über elektrische Felder miteinander.

Kranke Schimpansen essen gezielt Heilpflanzen.

Ratten fressen mehr, wenn ihre Ernährung auf Light-Produkte umgestellt wird.

Koffein steigert die Gedächtnisleistung von Bienen.

Die Meeresschnecke verfügt über einen Einwegpenis.

Nach einem Paarungskampf zwischen zwei Atlantik-Kärpflingen kriegt der Verlierer das Weibchen.

Maulwürfe können räumlich riechen.

Die 110 Millionen Hauskatzen in den USA töten jedes Jahr 3,7 Milliarden Singvögel.

Seeigelzähne sind härter als Stein.

Chili ist kein Pfeffer.

Rindfleisch wird nicht durch Blut rot gefärbt, sondern durch Myoglobin.

Glühwürmchen essen Schnecken.

Der Gesang der Buckelwale ist mit 190 Dezibel lauter als ein startendes Flugzeug.

Baby-Haie stellen sich bei Gefahr tot.

Der Tigerschnegel, eine Nacktschnecke, paart sich an einem Schleimfaden hängend.

Zitteraale nutzen Stromstöße für die Partnersuche.

Der Ameisenlöwe beschießt seine Beute mit Sandkörnern.

Bei Regen fallen Geckos vom Baum.

Ein um die gesamte Erde gespannter Faden einer Kreuzspinne würde nicht einmal 500 Gramm wiegen.

Im größten bekannten Ameisenstaat leben mehrere Milliarden Individuen.

Bananenschalen reinigen Wasser von Pestiziden.

Für den Geschmack im Retsina ist das Harz der Aleppo-Kiefer verantwortlich.

Sandbienen nisten auf dem Boden.

Schimpansen töten Artgenossen, um deren Territorium in Besitz zu nehmen.

Die Nase der Rentiere ist Heizung und Kühlanlage in einem und kann Temperaturschwankungen von 80 Grad ausgleichen.

Fußballrasen aus Wiesenrispe und Weidelgras ist besonders robust.

Das Gehirn eines Pottwals wiegt knapp zehn Kilogramm.

Polygene Ameisenstaaten haben bis zu 5000 Königinnen.

Der Feuerkäfer überlebt dank eines Frostschutzproteins in seinen Zellen auch bei minus 30 Grad.

Geosmin, der Bodengeruch nach einem Regen, treibt Fliegen in die Flucht.

Speziell trainierte Delfine und Seehunde bewachen Hafenanlagen und Schiffe der US-Navy.

Vor 16 Millionen Jahren lebten in Bayern Hundebären und sechs verschiedene Nashornarten.

Haben Bienen nicht genügend geschlafen, finden sie den Weg zurück in den Bienenstock nicht.

Delfine können zwei Wochen lang ununterbrochen lang wach sein.

Urvögel besaßen vier Flügel.

Jucken einer Giraffe die Augen, »kratzt« sie sich mit der Zunge.

Schlangen riechen mit ihrer Zunge.

Schimpansen sind Linkshänder. In der Gefangenschaft werden sie jedoch zu Rechtshändern.

Stinktiersekret setzt sich aus 160 Bestandteilen zusammen.

Pflanzen können rechnen. Sie verbrauchen über Nacht mit konstanter Geschwindigkeit ihre Stärkereserven. Damit die Vorratsspeicher genau zum Sonnenaufgang geleert sind, müssen die Pflanzen dividieren können.

Buntbarsche haben das Maul entweder links oder rechts.

Stachelmäuse werfen ihre Haut ab, um Angreifern zu entkommen.

Kolibris können rückwärtsfliegen.

Affen durchleben eine Midlife-Crisis.

Meeresschnee besteht aus mit Algen verklebten Ausscheidungen von Krebstieren.

Affen haben ein Ich-Bewusstsein. Sie erkennen sich selbst im Spiegel.

Die Quallenart Turritopsis nutricula ist unsterblich. Nach der Geschlechtsreife kann sie sich sogar wieder in ein Kind zurückverwandeln.

Bonobos und Schimpansen sind dem Menschen genetisch am ähnlichsten.

Die Waben im Bau eines Honigbienenvolks sind alle exakt gleich groß.

Die Netzhaut von Mäusen besitzt spezielle Zellen, die ausschließlich auf das Bild eines heranfliegenden Angreifers reagieren.

Fangschreckenkrebse heißen in China Pisskrebse, da sie beim Kochvorgang urinieren.

Der Kot der Blauwale ist rosa.

Vor acht Millionen Jahren gab es Nagetiere, die so groß waren wie Kühe.

Seegurken sind unsterblich.

Menschen mit hohem Cholesterinspiegel werden eher von Mücken gestochen.

Hundeflöhe können höher springen als Katzenflöhe.

Elefanten geben Brummlaute von sich, die der Mensch nicht hören kann.

Gleithörnchen können bis zu 80 Meter weit fliegen.

Meerschweinchen verschließen die Vagina des Weibchens nach dem Sex mit einem Kopulationspfropfen, der verhindert, dass Spermien anderer Männchen zur Eizelle gelangen können.

Die Weibchen der Blattlaus sind bei der Geburt bereits schwanger.

Salzwasserfische trinken. Süßwasserfische nicht.

Bestimmte Kletterpflanzen können Gerüche wahrnehmen.

Der Fisch Phallostethus cuulong trägt seine Geschlechtsorgane unter dem Kinn.

Haarbalgmilben leben an den Haarwurzelspitzen im Gesicht des Menschen.

Plankton bewegt sich im Rhythmus der Mondphasen auf und ab – selbst in Meerestiefen, die das Mondlicht nicht mehr erreicht.

Männliche Zwergdrachenflosser haben am Kopf ein Nahrungsimitat hängen. Schnappt ein Weibchen nach dem vermeintlichen Leckerbissen, wird es vom Männchen begattet.

Oktopusse bauen sich Behausungen aus Kokosnussschalen.

Ziesel heizen ihren Schwanz auf, um die Infrarotwahrnehmung von Schlangen zu stören.

Der karibische Parasit Gnathia marleyi wurde nach Bob Marley benannt.

Fische wie Lachse oder Forellen besitzen magnetische Nervenzellen, die wie ein Kompass funktionieren.

Koalas schlafen 20 Stunden am Tag.

Kraken reinigen ihre Höhle mit einem Wasserstrahl.

Die Färbung der Blutorange wird durch einen DNA-Parasiten hervorgerufen.

Die Tüpfelhyäne hat im Lauf der Evolution die Geschmacksrichtung süß verloren.

Alle Arbeiterinnen in einem Ameisennest sind Geschwister.

Hätte der Mensch denselben Energieumsatz wie eine Spitzmaus, müsste er jeden Tag 85 Kilogramm Kartoffeln essen.

Ein Elefant mit zehn Prozent Körperfett kann bis zu 112 Tage überleben.

Fledermäuse halten Sommerschlaf.

Geparden brechen 60 Prozent ihrer Jagden ab.

Muschelkleber kann Risse selbstständig heilen und haftet selbst an Teflon.

Der Schalldruckpegel des Zirpens einer Heuschrecke entspricht mit 110 Dezibel dem eines Presslufthammers.

Schimpansen benutzen Äste als Speere zu Jagd.

Das Adlerauge atmet, um die Netzhaut zusätzlich mit Sauerstoff zu versorgen. Dadurch steigt die Sehfähigkeit des Raubvogels.

Wasserspinnen fangen eine Luftblase in einem Kokon ein und atmen so unter Wasser.

Orchideen verströmen den Geruch von Aas, um Fliegen für die Bestäubung anzulocken.

Auf der gesunkenen Titanic wurde eine neue Bakterienart entdeckt.

Das sogenannte sardonische Lachen wird von einer Giftpflanze hervorgerufen.

Bananen leuchten unter UV-Licht blau.

Wenn bestimmte Haiarten sich im Wasser länger nicht bewegen, ersticken sie trotz Kiemen.

Vogelkot ätzt innerhalb von zwei Tagen durch den Lack eines Autos.

Bakterien können Selbstmord begehen.

Der Mund des Tiefseefischs Chiasmodon niger ist so dehnbar, dass er Beutetiere verschlucken kann, die doppelt so lang und zehnmal so schwer sind wie er selbst.

Kugelfische bauen Sandburgen unter Wasser.

Es gibt Eintagsfliegen, die bis zu vier Jahre alt werden.

Die Boa constrictor ist in der Lage, den Herzschlag eines Opfers zu fühlen. Sie hört erst bei Herzstillstand auf zu würgen.

Männliche Mücken stechen nicht.

Begegnet ein Neunaugenmännchen einem Weibchen, erhöht sich seine Körpertemperatur.

Pflanzensamen, die zuvor von Tieren verdaut wurden, haben bessere Chancen zu keimen als unverdaute.

Nacktmulle bekommen keinen Krebs.

Selbst in einem großen Schwarm suchen Fische die Nähe zu ihren Verwandten.

Bettwanzen können nicht über Bohnenblätter laufen.

Bienen dopen sich mit Koffein.

Auf Ameisenstraßen gibt es keine Staus, da die Tiere nicht überholen.

Wege, die sich lohnen, werden von Ameisen mit einem chemischen Hinweisschild versehen.

Termiten sind blind und stumm.
Termiten können Häuser zum Einsturz bringen.
Termiten schmecken wie Erdnussflips.

Mücken können bei Regen fliegen, nicht jedoch bei Nebel.

Rädertierchen können bei der Fortpflanzung genetisches Material anderer Lebewesen aufnehmen.

Bienen können nicht nur stechen, sondern auch beißen.

Bonobo-Affen schütteln wie wir den Kopf, um Nein zu sagen.

Tropischer Bambus wächst an einem Tag bis zu einen Meter in die Höhe.

Die Wurzeln des Australischen Eukalyptusbaums reichen mehr als 20 Meter tief.

Verirrt sich ein Insekt in den Beutel der Kannenpflanze, landet es in einem See aus Verdauungssekret.

Ameisenhügel sind mit einer Klimaanlage ausgestattet.

Der Schreckliche Pfeilgiftfrosch, eines der giftigsten Tiere der Welt, wird in Gefangenschaft ungiftig. Seine dann gezeugten Nachkommen besitzen ebenfalls kein Gift.

Wenn es Kraken langweilig ist, beißen sie sich die Arme ab.

Bakterien bewegen sich mittels Chemotaxis.

Bienen fliegen auf einer Wiese zuerst zu den Blüten mit dem wärmsten Nektar.

Monogamie im Tierreich verhindert den Mord am Nachwuchs.

Der Stich der Riesenwanze gilt als schmerzhaftester Insektenstich überhaupt.

Auf Napoleons Russlandfeldzug wurden Zehntausende Soldaten durch Läuse getötet.

Stacheln von Kakteen wachsen nach dem numerischen Muster der Fibonacci-Folge.

Südamerikanische Fledermäuse haben den schnellsten Stoffwechsel. Sie wandeln Nahrung binnen Minuten in Energie um.

Der Schildkrötenpanzer hat sich aus dem Brustkorb des Tiers gebildet.

Sexuell besonders aktive Bonobo-Weibchen gehen aus Streitigkeiten mit dem anderen Geschlecht häufiger als Siegerinnen hervor.

Ameisen nutzen Baumharz als Antibiotikum und schützen so ihren Bau vor Pilz- und Bakterienbefall.

Dem Riesensaurier Diplodocus wuchs alle 35 Tage ein neuer Zahn.

Das Klonschaf Dolly erkrankte bereits im Alter von fünf Jahren an Arthritis.

Die Magensäure von Aasgeiern tötet Cholera- oder Milzbranderreger einfach ab.

Zitteraale sind keine Aale, sondern gehören zu den Neuwelt-Messerfischen.

Spinnen auf LSD weben gleichförmigere Netze.

Das Bakterium Pseudomonas putida CBB5 ernährt sich von reinem Koffein.

Katzenhaare und -hautschuppen sind hypoallergen. Sie lösen keine Allergien aus, sondern der Speichel, der bei der Reinigung auf die Haare gelangt.

Wasserläufer können zwar auf dem Wasser laufen, aber nicht schwimmen.

Hätten Stechmücken kein eingebautes Kühlsystem, würden sie beim Blutsaugen an einem Hitzeschock sterben.

Baculoviren veranlassen die Schwammspinnerraupe, sich zu Tode zu fressen.

Die fleischfressende Pflanze Philcoxia minensis fängt Fadenwürmer unter der Erde.

Die in der Nähe von Madagaskar beheimatete Blume Amorphophallus perrieri riecht nach Käse und Kot.

Ameisen können sich selbst zu einem Floß verknoten. Das Floß kann bis zu einem halben Meter groß werden.

Bienen in Frankreich produzierten plötzlich blauen Honig. Sie hatten den Abfall der Fabrik eines Süßwarenherstellers angeflogen.

Das Gift der Krustenanemone ist eines der stärksten der Welt. Es gibt kein Gegengift.

Das dunkle Fleisch eines Truthahns hat mehr Kalorien als das helle.

Hühnerküken haben einen Bauchnabel.

Die größte Kartoffel wog 13 Kilogramm.

Ameisen dulden in ihrem Nest Gäste, zum Beispiel Springschwänze oder Grillen. Um bestimmte Käfer kümmern sich Ameisen besonders liebevoll.

Kartoffeln enthalten Vitamin C.

Kloakentiere sind Säugetiere, die Eier legen.

Meerschweinchen kuscheln nicht, obwohl sie im Familienverband zusammenleben.

Glühwürmchen blinken im Takt.
Glühwurmweibchen kopieren das Blinken anderer Glühwurmarten, um deren Männer anzulocken und zu fressen.

Fliegen haben Sex im Fliegen.

Um sich gegen Mücken zu schützen, schmieren Affen sich mit Tausend-füßler-Extrakt ein.

Dohlen testen die Tiefe eines Schornsteins, indem sie ein Stöckchen hineinwerfen.

Die Tennessee Fainting Goats, eine Ziegenart, fallen beim kleinsten Schreck in Ohnmacht.

Die Pause im Gesang der Blauwale dauert immer 256 Sekunden.

Um satt zu werden, braucht ein Eichhörnchen am Tag 190 Fichtenzapfen.

Dornen sind umgebildete Pflanzenblätter.

Das Araucana-Huhn legt grüne Eier.

Eichhörnchen können sich keine Verstecke merken. Sie graben dort, wo sie gute Verstecke vermuten.

Rentiere haben keinen Tag-Nacht-Rhythmus.

Löcherkrakenmännchen sind etwa zweieinhalb Zentimeter groß, Löcherkrakenweibchen dagegen bis zu zwei Meter.

Der Zweifarbenpitohui ist der einzig bekannte Vogel mit giftigen Federn.

Ameisenköniginnen haben Vorkoster, damit sie keine giftige Nahrung zu sich nehmen.

Die Ameisenart Polyrhachis sokolova lebt unter Wasser.

Alle Breitfuß-Beutelmäuse paaren sich einmal im Jahr zur selben Zeit.

Kalmare haben einen Schnabel, der so hart ist wie unsere Zähne.

Kraken können Dosen mit Schraubverschluss öffnen, um an Nahrung zu gelangen.

Israelische Forscher haben Hühner ohne **Federn** gezüchtet.

Kranke Ameisen verlassen zum Sterben den Bau.

Die Karausche, ein Fisch, kommt fünf Tage ohne Sauerstoff aus.

»Wunderlampen« sind Tiefseekalmare.

Mäuse können an Migräne leiden.

Seegurken leben in 10 000 Meter Tiefe.

Würden Blauwale so schnell Krebs bekommen wie Menschen, wären sie bereits ausgestorben.

Ameisenlöwen müssen nicht auf die Toilette.

Das Auge von Wirbeltieren entwickelt sich aus Gehirnzellen. Bei Weichtieren wie Schnecken entsteht es aus Hautzellen.

Ameisen geben einander keine Befehle.

Von allen Insekten haben die Libellen die besten Augen.

Vögel können nachts sehen, wo Mäuse uriniert haben. Der Mäuse-Urin reflektiert UV-Licht.

Ameisenköniginnen können so groß werden, dass sie sich nicht mehr bewegen können und von den Arbeiterinnen getragen werden müssen.

Das Chamäleon kann in einem Winkel von 340 Grad sehen.

Kröten können nur sehen, was sich bewegt.

Bienen sehen rotes Licht schwarz.

Haie beißen häufig in Außenbordmotoren von Booten, da sie von den elektrischen Signalen der Motoren angezogen werden.

Ameisen essen Blattlauskot, da dieser Zucker enthält.

Auch Vögel haben Flöhe.

Flöhe halten beim Sprung eine Beschleunigung von 178 g aus. Ein Mensch wird bei 5 g bewusstlos.

Die Eichel eines Hundes kann beim Sex so stark anschwellen, dass er sich nicht mehr von seiner Partnerin lösen kann.

Die Schneidezähne eines Kaninchens wachsen bis zu anderthalb Meter im Jahr nach.

Koprolithen sind versteinerte Exkremente. Forscher ziehen daraus Rückschlüsse über die Ernährung.

In der unfruchtbaren Zeit wächst die Scheide des Meerschweinchens wieder zu.

Die Ameisenart Bothriomyrmex regicidus dringt in fremde Ameisennester ein, schneidet der Königin den Kopf ab und trägt ihn durch das Nest, um die Ameisen zu unterwerfen.

In Irland gibt es keine Schlangen.

Kolibris müssen täglich doppelt so viel essen, wie sie wiegen.

Der See-Elefant kann seine Herzfrequenz von 60 auf vier Schläge in der Minute reduzieren.

Ameisenarbeiter sind alle weiblich. Bei den Termiten müssen auch die Männchen arbeiten.

Das Weizengenom enthält fünfmal mehr Gene als das des Menschen.

Eine Bananenschale braucht 100 Jahre, um in der Antarktis zu verrotten.

Listspinnenmännchen überreichen ihrer Angebeteten ein eingesponnenes Insekt als Paarungsgeschenk. Ist das Geschenk nicht groß genug, gibt es keinen Sex.

Die Netze der Goldenen Seidenspinne sind so stabil, dass sie auch als Fischernetze genutzt werden.

Eine Kreuzspinne baut im Durchschnitt in einer Dreiviertelstunde ein Netz.

Ameisen zählen ihre Schritte.

Aus physikalischer Sicht könnten Lebewesen mit einem Eigengewicht von 1000 Tonnen auf der Erde existieren.

Der Kragenhai, der Israelische Scheibenzüngler, der Ginkgo, der Taubenbaum, der Vampirtintenfisch und der Täufelskärpfling sind lebende Fossilien.

Der Vampirtintenfisch kann seinen Körper wie bei einer Wendejacke von innen nach außen stülpen.

Seit 2006 werden Millionen Fledermäuse von der bis dahin unbekannten Weißnasen-Krankheit dahingerafft.

Der Rüssel eines Elefanten besteht aus 100 000 Muskeln. Ein Mensch besitzt insgesamt 650.

Ein hundertjähriger Baum produziert pro Stunde 1200 Liter Sauerstoff und könnte somit 50 Menschen Sauerstoff liefern.

Von allen flugfähigen Vögeln kann der Eistaucher am tiefsten unter Wasser nach Nahrung suchen. Er erreicht bis zu 80 Meter Tauchtiefe.

Zwergtintenfische leben mit Leuchtbakterien zusammen, die für den Tintenfisch die Tarnung übernehmen.

Frösche benutzen Blätter als Regenschirme.

Vor 65 Millionen Jahren starben die Dinosaurier aus. Sie konnten sich zuvor allerdings nur auf der Erde ausbreiten, weil es vor 252 Millionen Jahren bereits ein Massensterben gegeben hatte, das die bis dahin vorherrschenden Urzeit-Lebewesen auslöschte.

Am Polarkreis leben Ameisen.

Schimpansen bitten einander um Hilfe.

Die Füße von Elefanten sind gepolstert, weshalb sie trotz ihres Gewichts von mehreren Tonnen beinahe lautlos laufen.

Krokodile essen auch Obst.

Leben Blattläuse in einer Kolonie zusammen, werden bei Überfällen nur die jüngsten und die ältesten Blattläuse in den Kampf geschickt.

Um sich gegen Kuckuckskinder zu wehren, lernt der Nachwuchs des Prachtstaffelschwanzes bereits im Ei ein Codewort. Wer es nicht singen kann, wird von den Vogeleltern nicht gefüttert.

Bei den brasilianischen Weberknechten kümmern sich ausschließlich die Väter um die Aufzucht des Nachwuchses.

Kojoten leben ausschließlich monogam.

Eigentlich jagen Tiger auch am Tag. Leben in der Nähe jedoch Menschen, jagen sie nur nachts.

Männchen der Spinnenart Nephilengys malabarensis kastrieren sich nach dem Sex selbst. Die Eunuchen sind hinterher fitter, um ihr Weibchen gegen andere Rivalen zu verteidigen.

Ameisen impfen sich gegen Krankheiten.

Fliegenlarven trinken Alkohol, um sich von einer Infektion mit Parasiten zu heilen.

Ratten versuchen, gefangene Artgenossen aus einer Falle zu befreien.

Obwohl der Panda wie alle Bären ein Raubtier ist, ernährt er sich ausschließlich vegetarisch.

Begegnet ein Tiefsee-Tintenfischmännchen einem anderen Tiefsee-Tintenfisch, wird dieser begattet, unabhängig vom Geschlecht.

Mischt man in das Futter von Kühen Tannine, wie sie auch in Wein oder Tee vorkommen, stinkt ihr Kot weniger stark.

Delfine haben eine bessere Wundheilung als Menschen. Sie überleben selbst Haibisse, die für den Menschen tödlich wären.

Je höher der Kohlendioxidgehalt des Wassers ist, desto schlechter können Clownfische hören.

Vogelspinnen haben Spinndrüsen an den Füßen, aus denen sie im Fall eines Sturzes Fäden schießen können, genau wie Spiderman.

Seehunde würden selbst mit verbundenen Augen die Form und Größe von Fischen erkennen können: mithilfe ihrer Barthaare.

Spatzen in der Stadt haben ein größeres Gehirn als ihre Artgenossen auf dem Land.

Forscher haben in Gonorrhö-Erregern menschliche DNA gefunden.

Beim Leguan Sceloporus virgatus müssen die Weibchen um die Männchen werben. Je schöner der orangefarbene Fleck an ihrem Bauch ist, desto fruchtbarer und damit anziehender wirken sie auf das Männchen.

Meerschweinchen-Paare schneiden in Labyrinth-Experimenten deutlich schlechter ab als Single-Meerschweine.

Schimpansen-Mädchen und -Jungen spielen auf unterschiedliche Art und Weise. Stöcke sind bei den Mädchen Puppen, bei den Jungen Waffen.

Elefanten haben Angst vor Ameisen.

Vögel fressen lieber Getreide aus konventionellem Anbau als Biogetreide.

Baumfrösche schütteln sich, um miteinander zu kommunizieren.

Speikobras spritzen ihr Gift genau in die Augen der Beute und machen sich dann über das blinde Tier her.

Küstenschwalben fliegen in ihrem Leben die Strecke zum Mond dreimal hin und zurück.

Durch den Glasflügelschmetterling kann man hindurchsehen.

Gespensterfische haben einen Kopf, in dem man hineinschauen kann. Er ist durchsichtig. Außerdem rotieren ihre Augen.

Fadenwürmer leuchten noch einmal blau auf, wenn sie sterben.

Streichelt man einen Hai an der Nasenspitze, kann er sich nicht mehr bewegen. Den Vorgang nennt man tonische Immobilität.

Die Große Wegschnecke legt am Tag eine Entfernung von bis zu 25 Metern zurück.

Wölfe heulen vor allem dann, wenn sie »traurig« sind.

Piranhas können bellen und quaken.

Elenantilopen klicken mit dem Knie, um Rivalen zu beeindrucken.

Landkrabben müssen sich nach der Häutung aufblasen, um stabil genug zu bleiben, bis der neue Panzer ausgehärtet ist.

Ein Blauwalbaby nimmt bis zu 90 Kilogramm am Tag zu.

Vögel, die an einer Straße leben, orientieren sich an der dort geltenden Höchstgeschwindigkeit.

Betrunkene Bienen dürfen nicht zurück in den Stock.

Rochen haben an der Unterseite kleine Füße.

Setzt man eine neue Henne in einen Stall, wird diese vom Hahn mit größeren Spermaportionen bedacht als die alten.

Verspeist ein Weißer Hai eine Robbe, braucht er einen Monat lang nichts mehr zu essen.

Kakerlaken können neun Tage ohne Kopf weiterleben. Dann verhungern sie, da sie keinen Mund mehr haben.

Der Gesang der männlichen Nachtigall gibt Auskunft über ihr Alter und ihre Größe.

Unsere heutigen Schildkrötenarten gab es bereits zur Zeit der Dinosaurier.

Muttermilch von Walen enthält bis zu 50 Prozent Fett.

Elefanten können 200 Liter Wasser in fünf Minuten trinken.

Schmuckbaumnattern können ihre Rippen spreizen, um im Gleitflug zu fliegen.

Geburtshelferkröten-Männchen kleben sich die Eier des Weibchens an die Hinterbeine, bis die Kaulquappen schlüpfen.

Löwen fressen Insekten.

Der Vielfraß ist eine Marderart.

PHYSIK & CHEMIE

Eigelb hat mehr Eiweiß als Eiweiß.

Zitronen schwimmen, Limetten nicht.

Es würde eine Million Jahre dauern, bis eine Glasflasche biologisch abgebaut ist.

Koffein ist eigentlich Insektengift, das von der Kaffeepflanze gebildet wird, um Insekten fernzuhalten.

Ein Kubikmeter Luft wiegt bei 0 °C ganze 1,29 Kilogramm.

Natürliches Gas hat keinen Geruch. Die Gas-Hersteller setzen ihm nur einen chemischen Geruch bei, damit man es schnell riecht, wenn es ungewollt austritt.

Bei extrem kalten Temperaturen weisen einzelne Atome magnetische Eigenschaften auf.

»K-Hole« ist ein Ausdruck für die Nebenwirkungen der Droge Ketamin, bei denen es zu außerkörperlichen Erfahrungen kommen kann.

Auf dem Mond fallen ein Tischtennisball und ein Ziegelstein gleich schnell zu Boden.

Der Teekanneneffekt beschreibt die Tatsache, dass bei vorsichtigem Ausgießen aus einer Kanne die Flüssigkeit eher danebenläuft.

Schizosaccharomyces pombe ist eine Hefe, benannt nach der ostafrikanischen Biersorte Pombe.

Bei ca. 6,2 Millibar und 0,01 °C ist Wasser fest, flüssig und gasförmig zugleich.

Die Eiserne Säule in Delhi rostet nicht, obwohl sie seit 1600 Jahren im Freien steht.

Das Pechtropfenexperiment gilt als das längste – und langweiligste – wissenschaftliche Experiment der Welt. Es dauert bereits mehr als 86 Jahre an. Etwa alle zehn Jahre löst sich ein Pechtropfen in der eigens gebauten Apparatur.

Wellenberuhigungsöl wurde früher in der Seefahrt eingesetzt, um den Wellengang zu verringern.

Mit »Polsprung« bezeichnen Geophysiker eine Umpolung des Erdmagnetfelds: Der magnetische Nordpol wird zum Südpol und umgekehrt. Das passiert alle 250 000 Jahre.

Nach dem Begründer der Celsius-Skala lag der Siedepunkt von Wasser bei 0° C, der Gefrierpunkt bei 100° C.

Der Geruch von Vanille dämpft den Appetit auf Schokolade.

Die Deutsche Physik, auch Arische Physik, war eine von deutschen Physikern mit rassischen Ansichten vertretene nationalsozialistische Lehre in der ersten Hälfte des 20. Jahrhunderts, die Physik mit arischen Ansichten vermengte.

Den Schall beim Auftreffen des Harnstrahls auf die WC-Schüssel nennt man in bauphysikalischem Zusammenhang Spureinlauf.

»The Martians« waren eine Gruppe außerordentlicher und prominenter Physiker und Mathematiker am Beginn des 20. Jahrhunderts.

»Sonic Hedgehog« ist der Name eines Proteins, das eine wichtige Rolle in der menschlichen Entwicklung spielt.

Je stärker ein Swimmingpool nach Chlor riecht, umso schmutziger ist er – der charakteristische Geruch entsteht durch eine Reaktion der Chemikalie mit Verunreinigungen.

Laut einem US-Regierungsexperiment aus den 50er-Jahren kann man Bier nach einer nuklearen Explosion weiterhin trinken.

Das Urkilogramm in Paris nimmt aus ungeklärten Gründen immer mehr an Masse ab.

Der Duft von Kaffee besteht aus 631 chemischen Komponenten.

Die amerikanische Army hat einen Klettverschluss erfunden, der 95 Prozent leiser ist – dieser gilt jedoch als Staatsgeheimnis.

Wenn man eine große Menge Pistazien zusammen lagert, kann es zur Selbstentzündung kommen.

Egal, ob man Jeans 15 Monate oder 13 Tage lang trägt, ohne sie zu waschen – die Anzahl der Bakterien auf dem Kleidungsstück ist in etwa gleich.

Auf 9 von 10
deutschen Euro-Noten
fanden Experten Spuren
von Kokain.

»KISS ME DEADLY« ist eine Proteinfamilie.

Tomatensaft schmeckt aufgrund der Druckverhältnisse im Flugzeug süßer.

Wenn man Superkleber auf Watte aufträgt, entzündet diese sich nach einigen Minuten von selbst.

Sonolumineszenz bezeichnet das Phänomen, dass eine Flüssigkeit unter hohen Druckschwankungen Licht erzeugt.

Man kann nicht in Lava versinken, wie es in vielen Filmen dargestellt wird. Aufgrund der Dichte von Lava würde man an der Oberfläche verbleiben und verbrennen.

Das Gegenteil von Vakuum ist Plenum.

Früher wurde Urin als Waschmittel verwendet.

Die radioaktive Substanz Americium wird in vielen Rauchmeldern benutzt.

Die elektrische Leitfähigkeit von Honig ist EU-weit normiert.

In den 70er-Jahren war die Wupper so stark verschmutzt, dass die Schulkinder der angrenzenden Schulen »stinkfrei« bekamen.

Wenn man Essiggurken in die Mikrowelle legt, können sie Funken sprühen.

Wenn man ein Ei 48 Stunden lang in Essig legt, löst sich die Eierschale auf.

Das Protein Pikachurin ist nach dem Pokémon Pikachu benannt.

Phosphor wurde entdeckt, als ein deutscher Alchemist auf der Suche nach dem »Stein der Weisen« Urin eindampfte.

Für einen 1,70 Meter großen Menschen, der auf ebener Fläche steht, ist der Horizont 4,7 Kilometer entfernt.

Es gibt im Englischen 56 verschiedene Namen für industriell verarbeiteten Zucker.

Das »Liebeshormon« Oxytocin kann neben seinen positiven Eigenschaften auch dazu führen, dass man sich stärker an negative emotionale Erlebnisse erinnert.

Feuer kann mithilfe von Schallwellen gelöscht werden – aber niemand kennt den genauen Mechanismus dahinter.

Laut Forschern hat es vor 1900 Millionen Jahren auf der Erde nach faulen Eiern gerochen.

Aus einem Gramm Gold kann ein 24 Kilometer langer Faden gezogen werden.

Der Buchstabe »J« taucht im Periodensystem der Elemente nicht auf.

Sekundenkleber (Cyanoacrylat) trocknet durch die Feuchtigkeit in der Luft.

Blattgold ist 100 Nanometer (= 0,0001 Millimeter) dick.

Bernstein hieß ursprünglich »Brennstein«.

Der Cappuccino-Effekt beschreibt folgendes Phänomen: Wenn man einen Cappuccino umrührt und dann wiederholt mit dem Löffel gegen die Tasse klopft, wird der entstehende Ton immer höher.

Trockeneis hat eine Temperatur von minus 78,48 °C.

Salzhaltiges Wasser ist schwerer als salzarmes.

Der Rechenvorgang 111.111.111 x 111.111.111 ergibt 12.345.678.987.654.321.

Rosa Licht existiert nicht.

Cola auf Rost geschmiert, frisst den Rost innerhalb einiger Stunden weg.

Zehn Billionen Nachkommastellen der Kreiszahl Pi sind bekannt.

Jede Schneeflocke hat sechs Seiten und sechs Spitzen.

Die Duodevigintilliarde ist eine 1 gefolgt von 111 Nullen.

Batman bräuchte ein größeres Cape, um sich von Häuserdächern stürzen zu können, ohne sich dabei wehzutun.

Als Paranuss-Effekt beschreiben Physiker das Phänomen, dass im Müsli die großen Stücke immer oben liegen.

Mondregenbögen entstehen durch **Mond**- anstatt Sonnenlicht.

Die zurückbleibenden Strukturen am Weinglas beim Schwenken des Weins heißen Kirchenfenster.

Der ideale Anstellwinkel, um Steine besonders häufig übers Wasser springen zu lassen, beträgt 20 Grad.

Es ist möglich, einen Lichtstrahl langsamer zu machen und sogar zu stoppen.

1889 musste die Stadt Freiburg evakuiert werden, weil bei einem Experiment die Umwandlung von Trithioaceton misslang und sich ein Übelkeit und Erbrechen verursachender Gestank in der ganzen Stadt ausgebreitet hatte.

Katamfe, der süßeste natürliche Zucker der Welt, ist über 2.000-mal süßer als Haushaltszucker.

Sandburgen haben die größte Stabilität, wenn der Sand einen Wasseranteil von etwa einem Prozent besitzt.

Der Abakus, die erste Rechenmaschine der Welt, ist 3000 Jahre alt.

Schießt man aus jedem Quecksilberatom ein Proton heraus, erhält man Gold.

Dinitrophenol kurbelt die Fettverbrennung im Körper derart stark an, dass bei einer Überdosis ein Hitzschlag droht.

Es gibt Flugobjekte, an die scheinbar eine Wolke angeklebt ist. Der Wolkenscheibeneffekt tritt erst ab Überschallgeschwindigkeit auf.

Mit einem Hodoskop wird die räumliche Orientierung von Ionenbahnen bestimmt.

Beim Abbrennen einer Kerze entstehen Millionen kleinster Diamantpartikel.

Steht der Schütze links oder rechts vor dem Tor, sind Schüsse aufs kurze Eck doppelt so erfolgreich wie Schüsse aufs lange Eck.

Das Mineral Lonsdaleit ist ungefähr 50 Prozent härter als ein Diamant.

Eisenhaltige Seifen schließen den abgewaschenen Schmutz zu großen Klümpchen zusammen. Diese lassen sich dann einfacher aus dem Wasser filtern.

Unbehandelte Langlaufski laufen besser über Schnee als gewachste.

Mit Rosmarin behandelte Kunststofffolie hält Fleisch länger frisch.

Das Möbiusband ist eine zweidimensionale Struktur, bei der es kein Oben und Unten gibt.

Jeder Regenschauer verseucht bereits gereinigte Gebäude in Fukushima erneut radioaktiv.

Die Abweichung eines Elektrons von der perfekten Kugelform beträgt 0,00000000000000000000000001 Zentimeter.

Bis heute gibt es keinen Beweis dafür, dass es Kugelblitze wirklich gibt.

Der Casimir-Effekt bewirkt, dass zwei parallel zueinander stehende leitende Platten im Vakuum gegeneinandergedrückt werden.

Forscher vermuten, dass neben den vier bisher bekannten Naturkräften noch eine fünfte fundamentale Naturkraft im Weltall wirkt.

Ein Sieb kann kleinere Teilchen auffangen, als seine Poren groß sind.

Die Wolkenwirbel in Van Goghs »Sternennacht« gehorchen physikalischen Gesetzen.

Licht kann sich rückwärts bewegen.

Dreht sich ein Ei schneller als 1.800-mal pro Minute um seine Hochachse, beginnt es zu hüpfen.

Der ideale Einwurfwinkel beim Fußball liegt bei 30 Grad. Dann fliegt der Ball am weitesten.

Das Knacken eines Kekses sendet Ultraschallwellen aus, die die Geschmacksnerven registrieren. Je besser ein Keks knackt, desto besser schmeckt er.

Kanadische Geldscheine sind aus Plastik, um sie haltbarer zu machen.

Die höchste künstlich erzeugte Temperatur beträgt vier Billionen Grad Celsius. Das ist 250.000-mal heißer als die Sonne.

Tabakrauch enthält 4800 Chemikalien.

Die Planck-Zeit ist das kleinste Zeitintervall, in dem die Gesetze der Physik noch gelten.

Vanillin, der Wirkstoff der Vanille, ist mit den menschlichen Pheromonen chemisch verwandt.

Kaugummis mit dem KSL-Protein reinigen Zähne vollständig, selbst wenn diese seit Tagen nicht geputzt wurden.

Kinder können Geschwindigkeiten ab 30 Kilometern pro Stunde nicht mehr einschätzen. Erwachsene erkennen Geschwindigkeiten von bis zu 80 Kilometern pro Stunde.

Auf dem Mond können Flugzeuge nicht fliegen.

Bakterien können aus Urin Strom gewinnen.

Quecksilber ist das einzige Metall, das bei Zimmertemperatur flüssig ist.

PSYCHOLOGIE & SOZIOLOGIE

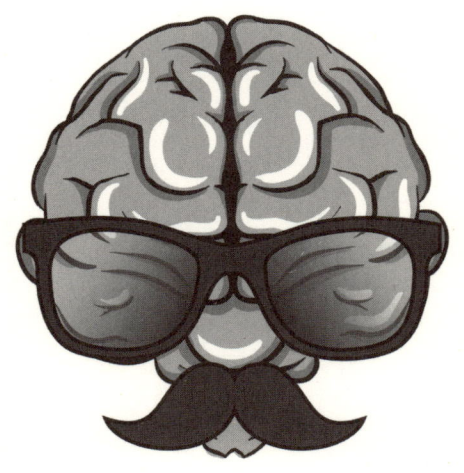

Nur fünf Prozent aller italienischen Männer haben schon einmal eine Waschmaschine bedient.

Bis zum 13. Lebensjahr weinen Mädchen und Jungen gleich häufig. Erwachsene Frauen weinen allerdings fünfmal so oft wie Männer.

Laut dem Psychologen Eric Bui leidet Anakin Skywalker am Borderline-Syndrom.

Die »Wahrscheinlichkeitsvernachlässigung« bezeichnet das Phänomen, dass Menschen die Eintrittswahrscheinlichkeit von Gefahren völlig falsch einschätzen.

Studien zeigen, dass Menschen andere prinzipiell für weniger vertrauenswürdig halten, als diese tatsächlich sind.

»Latah« ist eine psychologische Störung, die nur in Malaysia und Indonesien auftritt. Nach einem heftigen Erschrecken schreit, schimpft, tanzt oder lacht der Betroffene unkontrolliert.

Menschen neigen bei schlechterem Wetter zu höherer Produktivität.

Etwa ein Dutzend japanische Touristen erkrankt jedes Jahr am »Paris-Syndrom«, da sie so schockiert über die Unhöflichkeit der Franzosen sind.

Kryptomnesie bezeichnet das Phänomen, wenn einem vergessene oder verdrängte Erinnerungen und Ideen plötzlich wieder einfallen.

Medienberichte über eine bestimmte Krankheit führen dazu, dass viele Menschen meinen, die genannten Symptome zu haben – ein Beispiel für den Nocebo-Effekt.

Bei der Pinocchio-Illusion haben Versuchspersonen aufgrund von Vibrationen am Bizeps das Gefühl, ihre Nase sei bis zu 30 Zentimeter lang.

Eine Studie namens »Gorillas in unserer Mitte« zeigte, dass Menschen einen vorbeigehenden Menschen im Gorillakostüm oft übersehen. Das Phänomen bekam den Namen »Unaufmerksamkeitsblindheit«.

Affen versuchen ebenso wie Menschen, gute Touristen zu sein.

Menschen, die in einem weichen Sessel sitzen, sind kompromissbereiter als jemand, der auf einem harten Stuhl sitzt.

Frauen mit Hauptschulabschluss fällt es leichter, zum Orgasmus zu gelangen, als Frauen mit höherer Bildung.

Stotterer stottern meist nicht, wenn sie mit Tieren reden.

Die »Rubber Hand Illusion« (Gummihand-Illusion) bezeichnet das Phänomen, dass Menschen, denen eine Gummihand gezeigt wird, die auf bestimmte Art berührt wird, und die selbst gleichzeitig auf dieselbe Weise berührt werden, das Gefühl haben, die Gummihand wäre ihre eigene Hand.

Menschen, die durch einen psychologischen Trick dazu gebracht werden, ihre eigene Haut als dunkler zu sehen, sind weniger rassistisch.

Die sogenannte Spiegeltherapie hilft bei Phantomschmerzen.

Frauen können sich besser an Gesichter erinnern als Männer, da sie neue Gesichter unbewusst genauer beobachten.

In Sumatra sind möglichst große Füße bei Frauen das Schönheitsideal.

Musik wird in unserem Gehirn mit spezifischen Farben assoziiert: Mozarts Flötenkonzert in G-Dur entspricht einem hellen Gelb oder Orange, während sein Requiem in d-Moll uns an ein Blaugrau denken lässt.

Das »Hedonic Adaptation Prevention Model« besagt unter anderem, dass man glücklicher ist, wenn man nicht sehr viel mehr möchte, als man bereits hat.

Mithilfe fröhlicher Musik können Menschen ihre Stimmung aktiv verbessern.

Menschen schätzen Distanzen und Höhen als größer ein, wenn sie zusätzliches Gewicht – zum Beispiel einen Rucksack – tragen.

Die rechte Hand zur Faust zu ballen hilft, sich später besser an ein Ereignis oder eine Information zu erinnern.

Einjährige Kinder, die in Angstsituationen weniger schwitzen, sind später aggressiver.

Menschen zeigen Empathie nicht nur gegenüber anderen Menschen, sondern auch gegenüber Robotern.

Wenn wir einen bitteren Geschmack im Mund haben, verurteilen wir andere stärker.

Gruppenpolarisierung nennt man das beobachtete Phänomen, dass Ansichten von Individuen extremer werden, nachdem sie diskutiert wurden.

Die »DoorintheFace«-Technik besagt, dass Menschen einem eher einen Gefallen tun, wenn man zuerst um viel mehr bittet und seinen wahren Wunsch erst dann äußert – er wirkt dann im Vergleich vernünftig.

Schmerz ist erträglicher, wenn man flucht.

Der Carrotmob ist eine besondere Form des Flashmobs, bei dem zu einem bestimmten Zeitpunkt Menschen in einem Laden auftauchen und einkaufen. Der Ladenbesitzer hat sich zuvor bereiterklärt, einen Teil der Einnahmen in eine klimagerechte Sanierung seines Ladens zu investieren.

»Samtschaft« bezeichnet in der Soziologie formal nicht organisierte Großgruppierungen von Akteuren mit gemeinsamen, prägenden Merkmalen.

Man gähnt um 50 Prozent häufiger, wenn ein Freund neben einem gähnt, als bei einem Fremden.

Lachen steigert die Lern- und Erinnerungsfähigkeit.

Unter »Body Integrity Identity Disorder« (BIID) versteht man den Wunsch eines Menschen, einen bestimmten Körperteil amputiert zu bekommen.

Die »hedonistische Tretmühle« bezeichnet das Phänomen, dass man sich schnell an ein bestimmtes Glückslevel gewöhnt und nicht mehr damit umgehen kann, wenn sich die Umstände zum Schlechteren ändern.

Auf depressionquest.com kann man interaktiv nachspielen, wie es ist, mit einer Depression zu leben.

»Witzelsucht« ist eine Störung, bei der der Betroffene durch einen Ge-hirnschaden übertrieben heiter und krankhaft geschwätzig und albern ist.

Eine Frau in den USA hat eine sechsmal so hohe Wahrscheinlichkeit, depressiv zu sein, wie ein Mann in China.

Beliebte Lieder zu hören führt zu weniger Produktivität am Arbeitsplatz und zu weniger Einkäufen in Läden.

In der Studie »The Three Christs of Ypsilanti« veranlasste ein Psychiater, dass drei Patienten, die alle glaubten, sie seien Jesus, zusammenwohn-ten.

Fußgänger werden vor funkelnden Auslagen automatisch langsamer.

Im Zuge des Rosenhan-Experiments wurden acht gesunde Menschen als angeblich psychisch krank in psychiatrische Kliniken eingewiesen. Die anderen Patienten erkannten die Versuchspersonen allerdings als gesund, die Ärzte nicht.

Wenn man Aktivitäten synchron ausführt – etwa wenn man im Gleich-schritt geht –, findet man einander sympathischer.

Alexithymie (deutsch Gefühlsblindheit) beschreibt die Unfähigkeit, die eigenen Gefühle – und die anderer – wahrzunehmen oder auszudrücken.

In einem Experiment gab man Kindern eine Mahlzeit in McDonald's-Verpa-ckung und dieselbe Mahlzeit in neutraler Verpackung. Die Kinder fanden, dass das ausgewiesene McDonald's-Essen besser schmecke.

Frankreich ist das „depressivste" Land der Welt.

Frauen finden einen Mann attraktiver, wenn sie mitbekommen, wie eine andere Frau ihn anlächelt.

Menschen, die Countrymusik hören, haben ein höheres Selbstmordrisiko.

»Amafufunyana« ist der in manchen afrikanischen Ländern verbreitete Glaube, dass man aufgrund von Hexerei vom Geist eines Toten besessen sei.

Wer Bio-Lebensmittel isst, fällt eher harte moralische Urteile über andere.

Dass wir manchmal in einen anderen Raum gehen und vergessen, warum, liegt an der Tür, die die beiden Räume voneinander trennt. Das Gehirn verbindet die Information mit dem anderen Raum und »vergisst« sie.

Laut einer Studie verbessern Spoiler die Leseerfahrung bei Kurzgeschichten.

Man merkt sich mehr, wenn das Lernmaterial in einer unbekannten, schwer lesbaren Schriftart geschrieben ist.

Frauen brauchen länger, um aufs Klo zu gehen, aber Männer verbringen insgesamt mehr Zeit als Frauen damit, tatsächlich auf dem Klo zu sitzen.

Schnarchende Babys weisen später eher Verhaltensauffälligkeiten auf.

»Infantile Amnesie« bezeichnet das Phänomen, dass die meisten Erwachsenen sich nicht an Ereignisse erinnern können, die sich vor dem dritten Lebensjahr abgespielt haben.

Je höher man auf der sozialen Leiter steht, umso weniger lacht man.

Spieler bevorzugen Glücksspielautomaten, die bei Gewinnen laute Geräusche von sich geben – sie haben dadurch das Gefühl, öfter gewonnen zu haben, als dies tatsächlich der Fall war.

Die Etrusker malten Frauen immer weiß.

Meditation gibt es seit 5000 v. Chr.

Männer, die Pornokonsum aufgeben, empfinden mehr und stärkere Emotionen.

Menschen, die ihre Jungfräulichkeit nach dem 19. Lebensjahr verlieren, haben später glücklichere Beziehungen.

»Storge« bezeichnet in der Psychologie die Liebe zwischen Freunden.

Zu ausführlich über Probleme (eigene und jene anderer) zu reden führt zu Depressionen.

Der »Spotlight-Effekt« beschreibt die Tatsache, dass wir stets überschätzen, wie sehr andere unser Aussehen und Verhalten bemerken und bewerten.

Laut Studien sind Mitglieder von Sekten genauso intelligent oder sogar intelligenter als der Durchschnittsbürger.

Lügendetektoren sind mit 61 Prozent Treffergenauigkeit nur etwas zuverlässiger als das Zufallsprinzip.

Man stiehlt weniger wahrscheinlich, wenn ein Spiegel im Raum ist und man seine eigene Reflexion sieht.

Frauen entschuldigen sich häufiger als Männer.

Microsoft beschäftigt hochrangige Wissenschaftler, um herauszufinden, wie Computerspiele den höchsten Suchtfaktor erzielen können.

Die »Skinner Box« ist eine Box, in der ein Versuchstier eine bestimmte Tätigkeit ausführen muss, um eine Belohnung zu erhalten, und dadurch konditioniert wird.

Bereits im Alter von sechs Monaten weinen Babys grundlos, nur um Aufmerksamkeit zu bekommen.

Wir mögen Menschen mit gut aussehenden Facebook-Freunden mehr.

Die Broken-Windows-Theorie besagt, dass etwa ein zerbrochenes Fenster Menschen zu weiterer Zerstörung veranlasst und zu völliger Verwahrlosung führen kann.

Es stimmt nicht, dass wir nur 10 Prozent unseres Gehirns nutzen.

Menschen mit »Delusional Companion Syndrome« glauben, dass Dinge Gefühle und Gedanken haben und mit ihnen sprechen.

In schriftlichen Nachrichten konnte oft nicht zwischen Autisten und Nichtautisten unterschieden werden, obwohl die untersuchte Gruppe der Autisten im direkten zwischenmenschlichen Kontakt stark auffällig war.

Menschen lesen Texte mit langen Zeilen schneller, bevorzugen aber kurze Zeilen.

Wir können uns nur drei bis vier neue Dinge gleichzeitig merken, und dies nur 20 Sekunden lang.

Eine zu große Auswahl führt dazu, dass Konsumenten gar nichts kaufen.

Wie uns eine Frage gestellt wird, kann großen Einfluss darauf haben, wie wir uns an ein Ereignis erinnern. Als in einer Studie zu einem beobachteten Autounfall etwa das Wort »zerschmettern« verwendet wurde, »erinnerten« sich doppelt so viele Augenzeugen daran, zerbrochenes Glas gesehen zu haben.

Männer, deren Frauen offener über ihre sexuellen Vorlieben sprechen, sind selbst sexuell zufriedener.

Nur 20 Prozent des menschlichen Gelächters entstehen als Reaktion auf Witze. Sehr viel häufiger wird es als soziales Zeichen genutzt.

Menschen konzentrieren sich automatisch auf die Gesichter von Menschen, wenn sie Bilder betrachten.

Das Gehirn eines Pokerspielers zeigt einen Bluff nur beim Spiel gegen Menschen an. Beim Spiel gegen Computer ist keine verräterische Gehirnaktivität sichtbar.

Wenn man traurig ist oder Angst hat, kauft man eher bekannte Marken ein.

Profiling führt nur in zwei Prozent der Fälle zu einer Verhaftung.

Menschen denken unterbewusst, dass ihr Auto besser funktioniert, nachdem es gewaschen und mit Wachs behandelt wurde.

Der Ankereffekt beschreibt die Tatsache, dass wir uns an (auch zufälligen) Zahlwerten orientieren, wenn wir einen Wert einschätzen sollen.

»Satisficing« bezeichnet die Strategie, in einer Entscheidungssituation nicht nach der optimalen Lösung zu suchen. Man begnügt sich mit der erstbesten Möglichkeit, die den angestrebten Zweck erfüllt.

Gegenden mit hohen Bäumen haben niedrigere Kriminalitätsraten.

Das Pepsi-Paradox bezeichnet die Tatsache, dass eine Mehrheit von Testpersonen angab, Coca-Cola zu bevorzugen, Pepsi aber in allen Blindtests vom Geschmack her gewann.

Bis in die 60er-Jahre wurden in den USA Waisen als »Übungsbabys« für Schülerinnen verwendet.

Die Verkäufe des Schmerzmittels Alka-Seltzer konnten in den 70er-Jahren massiv gesteigert werden, indem in der Fernsehwerbung immer zwei Tabletten auf einmal – statt bisher eine – eingenommen wurden.

In Versuchen bewerten Menschen teurere Produkte (etwa Wein) immer als besser als billigere, unabhängig von der tatsächlichen Qualität.

Paruresis ist die wissenschaftliche Bezeichnung dafür, in der Gegenwart anderer nicht urinieren zu können.

Zu den ersten Fertig-Backmischungen musste laut Anleitung aus rein psychologischen Gründen ein Ei hinzugefügt werden: Die Hersteller hatten herausgefunden, dass es den Konsumenten sonst »zu einfach« und nicht wie echtes Backen erschien.

Katagelastizismus ist die übermäßige Freude daran, andere auszulachen.

Oppositionelles Trotzverhalten (»Oppositional Defiant Disorder«, ODD) ist die offizielle Bezeichnung für das Verhalten von Kindern, die sich keinen Autoritäten unterordnen können.

Das Dhat-Syndrom ist die Angst eines Mannes, mit dem Samen bei der Ejakulation seine Lebensenergie zu verlieren. Es ist kulturell bedingt und kommt ausschließlich auf dem indischen Subkontinent vor.

Der Forscher Clarence Leuba kitzelte sein Baby monatelang nur mit Maske, um herauszufinden, ob das Lachen beim Kitzeln angeboren oder erlernt ist. Ergebnis: Der Effekt ist angeboren.

Als »Konversionsstörung« wird es bezeichnet, wenn ein Patient Taubheit, Blindheit oder Lähmung ohne körperlichen Grund erleidet.

Menschen, die an »chronischem Déjà-vu« leiden, haben das Gefühl, alles schon einmal erlebt zu haben.

Bei der »Reduplikativen Paramnesie« glauben Patienten, dass eine Person, ein Ort oder ein Objekt doppelt existiert.

Beim »Fremdsprachen-Akzent-Syndrom« können Menschen, etwa nach einem Schlaganfall, die eigene Muttersprache nur noch mit einem fremden Akzent sprechen.

Das Riechen von Angstschweiß anderer Personen löst bei der riechenden Person ebenfalls Angst aus.

Ein amerikanischer Psychiater versuchte, jeder »Persönlichkeit« einer Patientin mit dissoziativer Identitätsstörung die Behandlung separat zu berechnen.

Wenn man die Farbe Rot sieht, bevor man einen IQ-Test macht, schneidet man sehr viel schlechter ab.

Beim »Alien-Hand-Syndrom« macht sich eine Hand des Patienten »selbstständig« und tut Dinge gegen dessen Willen.

Der Psychologe Winthrop Kellogg zog seinen Sohn und einen Schimpansen gemeinsam und unter gleicher Behandlung auf, um die angeborenen Unterschiede zwischen Mensch und Affe zu untersuchen.

Wenn man jemanden in einer gefährlichen Situation (und sei es nur bei einem Horrorfilm auf dem ersten Date) kennenlernt, fühlt man sich eher sexuell angezogen.

Jähzorn wird in der Psychologie auch »Intermittent Explosive Disorder« (etwa »Zeitweilige Ausrastestörung«) genannt.

Die Farbe einer Pille hat – rein psychologisch – Einfluss darauf, wie gut sie wirkt.

Hält man einen Bleistift mit den Zähnen (ähnlich wie bei einem Lächeln), findet man Comics lustiger, als wenn man ihn mit vorgestülpten Lippen im Mund hält.

Werbetreibende zahlen mehr für TV-Werbeplätze, wenn die Szene direkt davor etwas mit ihrem Produkt zu tun hat – etwa Werbung für einen Abschleppdienst direkt nach einer Crash-Szene in einem Actionfilm. Zu Recht: Zuseher kaufen das Produkt dann bis zu doppelt so häufig.

Pareidolie bezeichnet die Tatsache, dass Menschen dazu neigen, in zufälligen Anordnungen (etwa Wolken) Gesichter zu erkennen.

Menschen kaufen Autos basierend auf deren interpretiertem »Gesichtsausdruck« (Scheinwerfer = Augen, Kühlergrill = Mund). Je aggressiver das Gesicht wirkt, umso erfolgreicher das Auto.

50 Prozent der Menschen sehen etwas Übernatürliches oder Monströses, wenn sie zehn Minuten lang in einen schwach beleuchteten Spiegel starren.

Die Vorstellung, ein zufälliges Ereignis werde wahrscheinlicher, wenn es längere Zeit nicht eingetreten ist, oder unwahrscheinlicher, wenn es kürzlich gehäuft eingetreten ist, ist ein logischer Fehlschluss, der sich Spielerfehlschluss nennt.

Der blinde Fleck in der Psychologie bezeichnet jene Teile des Selbst, die wir nicht wahrnehmen.

Die »Texas Sharpshooter Fallacy« (Zielscheibenfehler) ist ein Fehlschluss, bei dem zufällige Ereignisse aufgrund einer Ähnlichkeit gruppiert werden und eine Kausalität behauptet wird. Sie stammt von dem Witz, in dem ein Texaner zufällig auf seine Scheune schießt, dann eine Zielscheibe rund um eine Häufung von Einschusslöchern malt und behauptet, ein Scharfschütze zu sein.

Babys, die gefüttert werden, wann immer sie schreien, werden zu intelligenteren Erwachsenen.

Menschen sind ehrlicher und moralischer, wenn sich ein Bild, das Augen zeigt, im Raum befindet.

Gedämpftes Licht – und das Tragen von Sonnenbrillen – machen uns weniger freigiebig.

Der Lady-Macbeth-Effekt beschreibt das Verlangen, sich zu waschen, wenn man sich schuldig fühlt.

Wenn es nach Zitrone riecht, verhalten wir uns moralischer.

Neurotische Menschen vertiefen sich stärker in Filme als andere.

Werbeunterbrechungen führen überraschenderweise dazu, dass Fernsehserien uns mehr Vergnügen bereiten.

Die »Greater Fool Theory« wird von Investoren befolgt, die eine Aktie nicht wegen ihres tatsächlichen Werts kaufen, sondern weil sie damit rechnen, sie später an einen »Dümmeren« weiterzuverkaufen.

Risikofreudige Menschen essen lieber scharfes Essen.

Das Ritual des Kerzenausblasens führt dazu, dass uns der Geburtstagskuchen besser schmeckt als ein anderer Kuchen.

Kalorienangaben auf Speisekarten führen nicht dazu, dass Kunden gesünder bestellen.

In einer fremden Sprache zu singen kann zu besserem Lernerfolg führen als die bloße Wiederholung von Wörtern.

Wenn man in einer Nacht wenig schläft, träumt man in der darauffolgenden Nacht mehr.

Morgenmenschen sind laut Studien abends am effektivsten beim Lösen von Problemen, während Morgenmuffel morgens Probleme besser lösen.

Die Augenbrauen zu heben fördert die Kreativität.

Humor und Intelligenz hängen zusammen – je intelligenter, desto humorvoller.

Laut einer Studie eines pensionierten Mediziners ist Humor bei Männern eine verkappte Form der Aggression.

Bereits im Alter von drei Monaten sind Babys fähig, in Gesichtern Angst zu erkennen.

Frauen sprechen nicht wesentlich mehr als Männer, beide kommen auf etwa 16 000 Wörter pro Tag.

Während ihrer fruchtbaren Tage finden Frauen Männer mit Macho-Gehabe attraktiver. An den restlichen Tagen bevorzugen sie intelligente Männer.

Männer mit braunen Augen werden als dominanter eingeschätzt als jene mit blauen Augen.

Die meisten Menschen bevorzugen die Farbe Blau und die Zahl sieben – der Name dafür ist »Blue-Seven-Phänomen«.

Mit einer heißen Tasse Kaffee in der Hand neigen Menschen eher dazu, Fremde als fürsorglicher und großzügiger einzuschätzen als mit Eiskaffee in der Hand.

Jeder Mensch träumt. Manche vergessen ihre Träume nur leichter als andere.

Aggressive Menschen tragen am liebsten Stiefeletten.

Menschen, die gerne Süßes essen, sind im Durchschnitt netter und freundlicher.

Depressive, gestresste Mütter halten ihr Baby eher im rechten Arm.

Menschen mit asymmetrischen Gesichtern sind effektivere Anführer.

Bei hoher geomagnetischer Aktivität sind unsere Träume verrückter und ergeben weniger Sinn.

Menschen, die Videospiele spielen, sind eher in der Lage, luzid zu träumen (ihre Träume also zu steuern).

Politisch konservative Menschen haben dreimal so viele Albträume wie jene, die im politischen Spektrum links stehen.

Wenn man an Alkohol denkt, wird man rassistischer.

Auch Menschenaffen können einen Wutanfall bekommen, wenn ein Plan nicht funktioniert.

Wenn wir Billigkopien anstatt echter Markenprodukte tragen, sind wir unehrlicher.

»Jumping Frenchmen of Maine« ist der Name einer Erkrankung, bei der die Betroffenen plötzlich aufschrecken oder schnelle Bewegungen ausführen.

Wenn ein politisches Argument in einer schwer lesbaren Schrift vorliegt, bewertet man es moderater.

Babys, die sitzen, lernen schneller als solche, die liegen.

Wir finden Personen, denen wir einen Gefallen tun und die sich bedanken, sympathischer als jene, die uns einen Gefallen tun – dieser Zusammenhang heißt auch Ben-Franklin-Effekt.

Wir vertrauen Menschen, die Markenkleidung tragen, mehr.

Traurige Filme zu sehen macht uns glücklich, da unser eigenes Leben im Vergleich ganz okay wirkt.

Je mehr Hausarbeit ein Mann erledigt, umso glücklicher ist er.

Es dauert 66 Tage, eine neue Gewohnheit herauszubilden.

Der »What the Hell«-Effekt (etwa »Zur-Hölle-damit«-Effekt) beschreibt die Tatsache, dass man, wenn man einmal – etwa bei seiner Diät – geschummelt hat, eher dazu neigt, weitere »Ausnahmen« zu machen.

Mittwochs werden die meisten Selbstmorde verübt, am Donnerstag die wenigsten.

Hausbesitzer leben länger als Menschen in einer Mietwohnung.

Wer oben in einem Haus wohnt, lebt länger.

Als Truthahn-Illusion bezeichnet man die falsche Annahme, unbekannte Risiken im Voraus berechnen zu können.

Demütigungen bleiben Menschen am längsten im Gedächtnis.

Wissenschaftler können eine Entscheidung im Gehirn sehen, bevor sie dem Probanden bewusst ist.

Das Hormon Oxytocin hindert Männer am Seitensprung.

Online begonnene Beziehungen sind glücklicher und halten länger.

Fans, deren Mannschaften vor einer politischen Wahl gewinnen, wählen eher den Amtsinhaber.

Die Angst vor Höhen und die Angst vor Clowns sind die häufigsten Ängste.

Geschäftsführer können besser lügen als normale Angestellte.

Poker-Spieler sind aufmerksamer, wenn sie gegen Menschen statt Computer antreten.

Sitzen Frauen mit Männern am Tisch, essen sie weniger.

Kinder lösen Aufgaben lieber zu zweit als allein.

Frauen schlafen ohne Mann im Bett besser. Männer schlafen mit Frau besser.

Hohe Temperaturen lassen die Kriminalitätsrate steigen.

Nachrichten werden im Internet 36 Stunden lang wahrgenommen.

Die derzeit herrschende Luftverschmutzung kostet einen Chinesen 5,5 Lebensjahre.

Wer glaubt, dass Gott gütig ist, verarbeitet Schicksalsschläge leichter.

Der Forscher Walter Pahnke versuchte mittels Drogenexperimenten bei atheistischen Probanden den Glauben an Gott zu »erzeugen«.

Preise mit einer 9 am Ende werden als günstiger wahrgenommen.

Kostet ein und dasselbe Produkt einmal 14 und einmal 19 Euro, greifen die Menschen eher zur teureren Variante.

Der Nachname beeinflusst die Wahl des Partners. Ursache dafür ist die unbewusste Ichbezogenheit. Wir fühlen uns zu dem hingezogen, dem wir gleichen.

Im Alter von 15 bis 29 Jahren sind Verkehrsunfälle die häufigste Todesursache.

Facebook macht seine Nutzer neidisch.

Je besser ein Musiker angezogen ist, desto schöner finden Zuhörer seine Musik.

Babys weinen in der landestypischen Sprachmelodie.

Der Anblick von Waffen steigert die Aggression.

Es ist leichter, hässliche Menschen anzulügen als schöne.

Im Dezember sind in Deutschland zwischen zehn und zwanzig Milliarden mehr Bargeld im Umlauf als sonst.

Wer sein Auto liebt, fährt aggressiver.

Forscher können die örtlichen Bewegungen eines Menschen zu mehr als 90 Prozent vorhersagen.

Im Nebel glaubt man, mit dem Auto schneller zu sein, als man eigentlich ist.

Es dauert in der Regel mindestens zwei Jahre, bis ein Mensch eine unerwartete Trennung verarbeitet hat.

Je größer die Stadt ist, in der man lebt, desto größer ist das Angstzentrum im Gehirn ausgebildet.

Kinder können nicht gut teilen, da ihr präfrontaler Cortex noch nicht ausreichend ausgebildet ist.

Frauen behalten ein Geheimnis im Durchschnitt 32 Minuten für sich.

Je mehr Menschen Zeugen eines Unfalls sind, desto größer ist die Wahrscheinlichkeit, dass niemand hilft, da jeder glaubt, jemand anderes wird sich um den Unfall kümmern. Wissenschaftler nennen das Phänomen den Zuschauereffekt.

Die Länge des Applauses nach einer Aufführung ist nicht abhängig von ihrer Qualität.

Klatschen ist innerhalb von zwei Sekunden ansteckend.

Der Hawthorne-Effekt verzerrt das Ergebnis von beobachteten Experimenten. Er tritt auf, weil die Probanden sich anders verhalten, da sie wissen, dass sie beobachtet werden.

Sportliche Aktivitäten fallen Männern leichter, wenn sie dabei von Frauen beobachtet werden.

In Zeiten einer Rezession werden Eltern mit ihren Kindern strenger.

Menschen haben mehr Mitleid mit misshandelten Hunden als mit erwachsenen Menschen, die misshandelt werden.

Buchhandlungen verkaufen mehr Bücher, wenn es in ihrem Geschäft nach Schokolade riecht.

Der moderne Mensch sitzt sieben Stunden am Tag.

Fluglärm wird von den Betroffenen als schlimmer empfunden, sobald in der Öffentlichkeit darüber diskutiert wird.

Menschen, die in der Nacht geboren sind, sind nachtaktiver.

Je größer die Buchstaben eines Textes gedruckt sind, desto größer sind die Emotionen, die sie beim Leser hervorrufen.

Würden alle Menschen wie Amerikaner leben wollen, bräuchten wir mindestens drei zusätzliche Erden.

Ohne feste Fahrbahnstreifen fließt der Verkehr in Städten schneller.

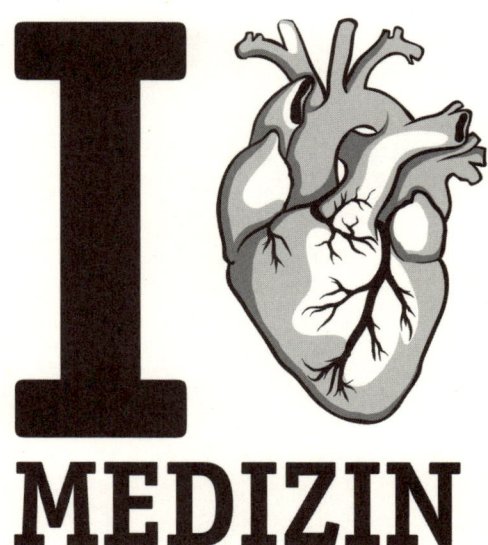

MEDIZIN

Der Durchschnittsmensch produziert in seinem Leben 14 000 Liter Schweiß.

Die meisten Naturvölker sind immun gegen Karies.

Die schnellsten Boxer können mit einer Frequenz von 400 Schlägen in der Minute zuschlagen.

Ein Orgasmus ist eine medizinisch diskutierte Therapieform gegen chronischen Schluckauf.

Die Antibabypille wurde ursprünglich als Mittel gegen Unfruchtbarkeit und Menstruationsbeschwerden vermarktet.

Sigmund Freud empfahl Kokain als Betäubungsmittel sowie als Mittel gegen Depressionen, Nebenhöhlenentzündungen und Morphiumsucht.

Ein DNA-Strang hat einen Durchmesser von zwei Nanometern.

Menschen, die Marihuana rauchen, haben ein geringeres Diabetesrisiko.

Im Durchschnitt verdrückt jeder Deutsche in 75 Jahren das 700-Fache des eigenen Körpergewichts.

25.550 Liter Speichel rinnen im Lauf unseres Lebens unsere Kehle hinunter – ein Liter täglich.

Manche Stämme in Papua-Neuguinea glaubten, dass Babys aus Sperma und Menstruationsblut »gebaut« werden.

270 Badewannen könnten wir im Lauf des Lebens mit Urin füllen.

Menschen mit einem hohen Körperschwerpunkt können schneller laufen. Menschen mit einem niedrigen Körperschwerpunkt können schneller schwimmen.

Der Mensch produziert fünf Tonnen Kot im Leben.

Es gab neben dem Homo sapiens und dem Neandertaler noch eine dritte Menschenart, den Denisova-Menschen.

Mittels DNA-Test fand man heraus, dass Pharao Echnaton der Vater von Tutanchamun war.

Das menschliche Herz pumpt 180 Millionen Liter Blut im Lauf des Lebens.

Zehn Stunden im Leben verbringen wir damit, einen Orgasmus zu haben.

Im Jahr 1518 brach in Straßburg eine monatelange »Tanzwut« aus, im Zuge derer mehrere Menschen bis zum Tod durch Erschöpfung oder Herzinfarkt tanzten.

Vor 70 000 Jahren wäre der Mensch fast ausgestorben. Es gab nur noch einige tausend Exemplare auf der gesamten Erde.

Kartoffeln absorbieren elektronische Strahlung auf ähnliche Weise wie menschliches Gewebe.

In Korea ist der durchschnittliche Penis 9,66 Zentimeter lang.

Babys weinen in den ersten Monaten ohne Tränen.

Wenn eineiige Zwillingsschwestern eineiige Zwillingsbrüder heiraten, sind ihre Kinder, genetisch gesehen, Geschwister.

Etwa die Hälfte der Westeuropäer sind mit Tutanchamun verwandt, jedoch weniger als ein Prozent der Ägypter.

Jeder Mensch trinkt 45 000 Liter in seinem Leben.

Die Mehrheit der heute lebenden Menschen trägt bis zu vier Prozent des Genoms des Neandertalers in sich. Das bedeutet: Homo sapiens und Neandertaler hatten Sex miteinander.

Der Homer-Simpson-Effekt bezeichnet den Zusammenhang zwischen Intelligenz und Körpergewicht.

Katzen können – aufgrund eines Parasiten – beim Menschen Persönlichkeitsänderungen und Schizophrenie hervorrufen.

Personen, die noch nicht an Pocken erkrankt waren, ließ man früher zerkleinerten Wundschorf eines Pockenpatienten schnupfen.

Wer an Misophonie leidet, kann bestimmte Geräusche nicht ertragen, ohne wütend zu werden.

Erbgutanalysen belegen, dass das Kastensystem in Indien erst vor 1900 Jahren entstand.

Eines der Hauptsymptome des »Usher-Syndroms« ist Taubheit.

Ägypter verwendeten schwarzes Augen-Make-up unter anderem, um sich vor Sonnenreflexion zu schützen.

Laut der »Miasma-Theorie« verbreitete sich die Cholera über schlechte Gerüche.

Die »Pumpschwengel-Bewegung« bezeichnet die Bewegung des Brustbeins während der Atmung.

Nur ein Prozent der gesunden Erwachsenen, die von einem Skorpion gestochen werden, stirbt daran.

»Landsteiner-Wiener«, »Diego«, »Ok« und »John Milton Hagen« sind Blutgruppensysteme.

Das »Fick'sche Prinzip« ist eine Methode in der Physiologie zur Ermittlung des Herzminutenvolumens.

Die menschliche Ohrmuschel wächst pro Jahr um ca. 0,2 Millimeter.

Ein Mensch macht rund 50 Millionen Schritte im Leben.

Im Kühlschrank und auf der Computertastatur leben mehr Keime als auf der Toilette.

Im Lauf eines Jahres werden etwa 98 Prozent der Atome im menschlichen Körper ersetzt.

Das Tragen eines Kopfhörers von nur eine Stunde erhöht die Anzahl der Bakterien im Ohr um bis zu 700 Prozent.

Ein Mensch verschluckt im Leben unbemerkt acht Spinnen.

Wir atmen immer nur durch ein Nasenloch. Etwa alle paar Stunden findet der Wechsel statt.

Würden die 100 000 Haare auf dem menschlichen Kopf zu einem Seil geflochten, könnte dieses eine Last von bis zu zwölf Tonnen tragen.

65 Prozent der autistischen Kinder sind Linkshänder.

Mehr als sechs Tassen Kaffee pro Tag zu trinken führt zu Gewichtszunahme.

Mithilfe einer »Stuhltransplantation«– gesunder Stuhl wird in Patienten transplantiert – sollen bestimmte Darmkrankheiten geheilt werden können.

120 Millionen Liter Sauerstoff verbraucht unser Gehirn während unseres Lebens.

Der Mensch ist das einzige Tier, das seinen Daumen bis zur Basis seines kleinen Fingers bewegen kann.

Menschen haben weder absolut noch relativ zur Körpergröße das größte Gehirn im Tierreich.

Niemand weiß sicher, wozu der Mensch die Fähigkeit zum Erröten hat.

Eine amerikanische Studie namens »Acute Management of the Zipper-Entrapped Penis« beschreibt, wie man in Reißverschlüsse eingeklemmte Penisse am besten notfallmedizinisch behandelt.

Wir atmen 740 Millionen Mal im Leben, um 600 Millionen Liter Sauerstoff aufzunehmen.

Der erste bekannte Fall eines Knochentumors wurde an den Überresten eines 120 000 Jahre alten Neandertalers entdeckt.

Zu langes durchgehendes Lernen ist nicht zielführend – neu gebildete Synapsen im Gehirn sind besonders fragil und können durch zusätzliche Stimulation wieder Schaden nehmen.

Strychnin wurde früher von Profisportlern zum Doping verwendet.

Amulette aus Wieselhoden, Maultier-Ohrwachs und dem Knochen einer schwarzen Katze wurden im Mittelalter zur Empfängnisverhütung benutzt.

Menschen, die am Arbeitsplatz weniger Licht ausgesetzt sind, schlafen weniger und haben eine deutlich niedrigere Lebensqualität.

Laut einer Studie können Menschen ebenso wie Fledermäuse Echoortung einsetzen, um zu bestimmen, wo sich ein Objekt befindet – allerdings in viel geringerem Ausmaß.

Ein Mann produziert in seinem Leben etwa vier Putzeimer voll Sperma.

Sportler, die Rot tragen, haben einen höheren Testosteronspiegel.

Als Adipositas-Paradoxon bezeichnet man das Phänomen, dass übergewichtige Patienten bei einigen Erkrankungen bessere Überlebenschancen haben als normalgewichtige.

Malariaparasiten im menschlichen Körper kommunizieren miteinander.

Je größer der Bizeps eines Mannes ist, umso weiter rechts steht er in der Regel im politischen Spektrum.

Statistisch gesehen, sind Menschen, die regelmäßig Marihuana rauchen, schlanker.

Wenn Männer ein Spiel gegen Rivalen gewinnen, steigt ihr Testosteronspiegel – nicht aber, wenn sie Freunde besiegen.

Je nachdem, ob man fröhliches Gelächter, Auslachen oder Gelächter aufgrund von Kitzeln hört, werden im Gehirn unterschiedliche Bereiche aktiviert.

Neandertaler putzten sich die Zähne.

Am Schnuller des eigenen Kinds zu saugen kann dieses vor Allergien schützen.

Schizophrenie kann durch die Untersuchung von Zellen aus der Nase diagnostiziert werden.

Eine Koffein-
überdosis kann zu
Halluzinationen führen.

Sport hilft dabei, Stress und Angst zu reduzieren – laut einer Studie auch dann, wenn man dazu gezwungen wird.

Der Geschmack von Bier führt zur Ausschüttung von Glückshormonen, unabhängig vom Alkoholgehalt.

Auch Motten, Ameisen und Fruchtfliegen verwenden Pflanzen als Medizin.

In einer experimentellen Operation wurde ein Blinddarm durch die Vagina entfernt.

Würde man die menschliche DNA ausrollen, würde sie 70-mal von der Erde zur Sonne reichen.

Elektroschocks helfen bei mathematischen Lernschwächen.

Die nicht wissenschaftlich belegte Clark-Therapie geht davon aus, dass Krebskrankheiten ausschließlich durch Parasiten wie den asiatischen Riesendarmegel verursacht werden.

»Disease Mongering« bezeichnet das Erfinden von Krankheiten, um die Märkte für jene, die Behandlungen für diese Krankheiten anbieten, zu erweitern.

In den 40er-Jahren gab es eine Zahncreme namens Doramad, die radioaktive Substanzen enthielt, um die Abwehrkräfte von Zahn und Zahnfleisch zu steigern.

Als »foetus in foeto« bezeichnet man die nicht abgeschlossene Trennung von Zwillingen im Mutterleib. Die Folge ist, dass Teile eines Embryos in den anderen einverleibt werden.

Mellifikation bezeichnet das »Einlegen« menschlicher Leichen in Honig.

Laut der (spekulativen) Wasseraffen-Theorie können wir deshalb aufrecht gehen, weil unsere Vorfahren im Wasser lebten und sich deshalb aufrichten mussten.

Wenn Menschen, die unter Einfluss von Kokain stehen, mit Pfefferspray besprüht werden, können sie sterben.

Im Gegensatz zu den meisten Primaten haben Menschen keinen Penisknochen.

Die Phallografie beschäftigt sich mit der Aufzeichnung von Penisreaktionen.

Dunkle Schokolade beinhaltet Phenylethylamine, dieselbe Chemikalie, die der Mensch bei Verliebtheit ausschüttet.

Häufiger Sex kann bei Frauen das Risiko einer Blasenentzündung erhöhen. Deshalb gibt es dafür auch die Bezeichnung »Honeymoon-Syndrom«.

Schein-Bushaltestellen werden in der Pflege von Demenzerkrankten eingesetzt: Bewohner von Pflegeheimen wollen oft nach Hause und stellen sich deshalb an diese vor dem Heim befindlichen Haltestellen. Nach kurzer Zeit vergessen sie jedoch den Grund für ihre Reise und kehren zurück.

Wenn man eine Knochenmarkspende erhält, kann das Blut später die DNA des Spenders aufweisen.

Bärte sind gesund – sie schützen das Gesicht vor UV-Strahlung und reduzieren so das Hautkrebsrisiko.

Auch wenn man nur das Wort »Gähnen« liest, kann einen das zum Gähnen veranlassen.

Im Weltraum produziertes Insulin ist neunmal effektiver als reguläres.

Menschen mit blauen Augen haben eine höhere Alkoholtoleranz.

Placebos wirken auch dann, wenn ein Patient weiß, dass er Placebos bekommt.

Natürlicherweise hätten Menschen einen 25-Stunden-Tagesrhythmus.

Der Musculus palmaris longus ist ein Unterarmmuskel, der bei ca. 14 Prozent der Menschen fehlt.

Verliebt zu sein ähnelt in biochemischer und psychologischer Hinsicht einer Zwangsstörung.

In einem indischen Bundesstaat können jene, die sich freiwillig sterilisieren lassen, Preise gewinnen – nach dem Lotteriesystem.

Der Placebo-Effekt in Medikamentenstudien wird in den letzten Jahren immer stärker – und niemand weiß, warum.

Wissenschaftler haben eine Art Anti-Marihuana erschaffen. Die beiden Haupt-effekte: Appetitlosigkeit und Traurigkeit bis hin zur Depression.

Menschen können ihre Blutsverwandten am Geruch erkennen.

Kinder mit dem Angelman-Syndrom lachen und lächeln oft unbegründet.

Im Fernsehen funktioniert Herz-Lungen-Wiederbelebung in 75 Prozent der Fälle, im realen Leben überleben nur acht Prozent der Betroffenen länger als einen Monat.

Bei der Argyrie, die durch Einnahme von Silber hervorgerufen wird, verfärbt sich die menschliche Haut blaugrau.

Eine Laktoseintoleranz zu entwickeln ist der eigentliche »Standard« – die meisten anderen Säugetiere sind nach ihrer Kindheit laktoseintolerant.

Ein amerikanischer Neurochirurg transplantierte in den 70er-Jahren einen Affenkopf auf einen anderen Affenkörper.

Die Ausmaße von Kernspintomografen in den USA haben in den letzten 15 Jahren um 25 Prozent zugenommen, da die Patienten immer »voluminöser« werden.

Es ist schwieriger, ein Tattoo zu entfernen, wenn der Träger Raucher ist.

Es gibt eine Korrelation zwischen schlechtem Geruchssinn und Psychopathie.

Wenn man weniger schläft, hat man eher Heißhunger auf Junkfood.

Haemolacria ist eine seltene Krankheit, bei der die Betroffenen Blut weinen.

Drei Herausgeber des Magazins »Continuum« – einer Zeitschrift, die den Zusammenhang zwischen HIV und Aids abstritt – starben an Aids.

Wenn man Sonnenbrillen trägt, ist es wahrscheinlicher, Sonnenbrand zu bekommen – der Körper »unterschätzt« nämlich die Menge an Sonne, der er ausgesetzt ist.

Mit verbundenen Augen können viele Menschen den Geschmack von Parmesan und Erbrochenem nicht unterscheiden.

Menschen mit Akinetopsie können Bewegungen nicht wahrnehmen.

Muttermilch enthält Cannabinoide – dadurch wird das Baby ruhiger und sein Appetit angeregt.

Immer weniger Menschen werden mit Weisheitszähnen geboren.

Die Herzen verschiedener Säugetiere sind einander sehr ähnlich – das Herz hat sich im Lauf der Evolution kaum verändert.

Melanesier (indigene Völker von Neuguinea, Neukaledonien, den Salomonen und Vanuatu) sind die einzige dunkelhäutige Ethnie mit natürlich blonden Haaren.

95 Prozent der Menschen sind immun gegen Lepra.

Es wird vermutet, dass das Nervensystem im Verdauungstrakt in engem Austausch mit dem Gehirn steht und daher an »Bauchentscheidungen« tatsächlich etwas dran ist.

Soziale Ablehnung wird im selben Gehirnareal wie körperlicher Schmerz verarbeitet.

Blinde, die LSD nehmen, haben visuelle Halluzinationen – allerdings nur, wenn sie nicht von Geburt an blind waren.

Zucker, auf eine Wunde aufgetragen, kann dabei helfen, dass diese schneller heilt.

Paare sehen einander nach langer Beziehung immer ähnlicher.

Wenn man an Bogengangsdehiszenz leidet, hört man unter anderem, wie sich die eigenen Augen bewegen.

Kleinkinder gehörloser Eltern »brabbeln« in Gebärdensprache.

Blinde, die am Anton-Babinski-Syndrom leiden, bestreiten vehement, blind zu sein.

An den menschlichen Fingern befinden sich keine Muskeln.

Wunden heilen im Fötalstadium, ohne Narben zu bilden.

Opiorphin ist ein im menschlichen Speichel enthaltenes Schmerzmittel – es hat eine bis zu sechsmal stärkere Wirkung als Morphin.

Der Cello-Hoden ist eine fiktive Krankheit, die als wissenschaftlicher Witz erfunden wurde. Noch bis vor wenigen Jahren wurde sie jedoch in der Literatur ernst genommen. Dabei soll die Reibung des Instruments am Skrotum bei Berufscellisten zu Problemen führen.

In einem indonesischen Dorf legen sich die Menschen auf Bahnschienen, weil sie glauben, dadurch Krankheiten von Rheuma bis Übergewicht heilen zu können.

Pro Sekunde sterben weltweit etwa zwei Menschen.

Der Begriff »Soldatenkrankheit« steht für Morphiumabhängigkeit.

Eine Dauererektion heißt Priapismus.

Aristoteles vertrat die Ansicht, das Gehirn sei ein Kühlorgan und das Denken geschehe in der Herzgegend.

Die vorgeburtliche Geschlechtsbestimmung per Ultraschall ist in Indien verboten.

Mehr als 7000 Menschen sterben in den USA pro Jahr aufgrund der schlecht lesbaren Handschrift von Ärzten.

Bei Menschen, die in Zungen reden, ist das Sprachzentrum im Gehirn nicht aktiv.

Fingernägel wachsen im Sommer schneller als in anderen Jahreszeiten.

Ein indisches Kind wurde mit insgesamt 34 Fingern und Zehen geboren: sieben Finger an jeder Hand und zehn Zehen an jedem Fuß.

Muskatnuss kann – in größeren Mengen – ein High und sogar Halluzinationen verursachen.

Alle Blutgefäße des menschlichen Körpers zusammen haben eine Länge von 96 500 Kilometern.

Ein amerikanischer Professor aß zehn Wochen lang nur Süßigkeiten und Chips – da er aber nur eine bestimmte (niedrige) Kalorienanzahl zu sich nahm, nahm er trotzdem ab. Auch seine Blutwerte verbesserten sich.

Wenig Schlaf macht dick.

Die Ahornsirupkrankheit (»Maple Syrup Urine Disease«) ist eine Stoffwechselerkrankung, bei der der Urin des Betroffenen nach Ahornsirup riecht.

Rothaarige Menschen benötigen mehr Betäubungsmittel als braunhaarige, um Schmerz nicht mehr zu spüren.

Ein Viertel der menschlichen Knochen befindet sich in den Füßen.

Rauchen und Übergewicht können zu Gehörverlust beitragen.

Kaffeeduft ist laut einer Yale-Studie der Geruch mit dem höchsten Wiedererkennungswert.

Das Gehirn verfügt über keine Schmerzrezeptoren – man fühlt also am Gehirn selbst keine Schmerzen.

Der Hauptbestandteil von Ohrwachs ist abgestorbene Haut.

Menschen können mehr als 10 000 verschiedene Gerüche unterscheiden.

Der Farbton, den man bei geschlossenen Augen sieht, heißt »Eigengrau«.

Das Rapunzelsyndrom ist eine äußerst seltene Erkrankung, bei der sich durch Verschlucken von Haaren im Magen ein Haarknäuel bildet.

Man kann nicht gleichzeitig schlucken und atmen.

Menschen, die unter »visuellem Neglect« leiden, vernachlässigen eine ihrer Körperhälften. So rasieren oder waschen sie etwa nur ihren halben Körper.

Die Sterne und Farben, die man sieht, wenn man sich die Augen reibt, heißen Phosphene.

Ein rotes Blutkörperchen braucht etwa eine Minute, um den ganzen Körper zu durchwandern.

Menschen können am besten werfen.

Neueste Studien belegen, dass Stress die Spermien eines Mannes beeinflusst und dadurch negative Auswirkungen auf den Nachwuchs hat.

Eine abgetrennte Fingerkuppe kann innerhalb von zwei Monaten komplett nachwachsen.

Je hässlicher eine Pflanze ist, umso wahrscheinlicher wirkt sie allergieauslösend.

Es gibt Schönheitsoperationen für schlankere Zehen.

Manche Menschen lassen sich Kopfhaare transplantieren, um dichtere Wimpern zu erhalten. Diese müssen dann jedoch immer wieder gestutzt werden, da Kopfhaare ständig weiterwachsen.

Andauernde Mundtrockenheit wird mit Kunstspeichel behandelt.

Amerikanische College-Studenten nehmen während ihres ersten Studienjahrs durchschnittlich zwei bis drei Pfund zu.

Je mehr wir uns mental anstrengen, umso mehr erweitern sich unsere Pupillen.

Alkoholabhängigkeit ist für Frauen tödlicher als für Männer – alkoholabhängige Männer haben eine doppelt so hohe Todesrate wie andere Männer, bei alkoholabhängigen Frauen ist sie fünfmal so hoch.

Wissenschaftler haben Viagra für Frauen entwickelt.

Meditation und kontrolliertes Atmen können zu einer Zunahme an Gehirnmasse führen.

Wissenschaftler bezeichnen das Gehirnareal, das bei Hass aktiviert wird, als »Hate Circuit« (etwa »Hass-Schaltkreis«).

Schadenfreude wirkt im Gehirn ähnlich wie ein Orgasmus.

»Fleischerwarzen« sind eine Art von Warzen, die bei häufigem Kontakt mit frischem Fleisch auftreten können.

Zellen heilen unter Nah-Infrarotlicht bis zu 200-mal schneller.

Die Antibabypille kann die Körperchemie dahingehend verändern, dass eine Frau ganz andere Männer attraktiv findet.

Ohne Speichel könnten wir nichts schmecken.

Das »Gläserrücken« ist auf den sogenannten Carpenter-Effekt zurückzuführen – dieser besagt, dass das Denken an eine bestimmte Bewegung die Tendenz zur Ausführung ebendieser Bewegung auslöst.

Als Gelber Fleck wird der Bereich der menschlichen Netzhaut mit der größten Dichte von Sehzellen bezeichnet.

Je kleiner ein Baby bei der Geburt ist, umso schlechter schneidet es später bei Schultests ab.

Wissenschaftler sind sich nicht einig, wie viele Sinne wir tatsächlich haben – die Zahl liegt zwischen 14 und 20.

Man verliert nur zehn Prozent seiner Körperwärme über den Kopf.

In den 1940er-Jahren gab es Zigaretten, die gegen Asthma helfen sollten.

Wissenschaftler haben ein Gerät entwickelt, das die Schreie von Babys analysiert und dadurch Krankheiten diagnostizieren kann.

Wer nicht frühstückt, hat ein erhöhtes Risiko für Herzkrankheiten.

Menschen, die etwas Alkohol trinken, haben eine geringere Todesrate als solche, die gar nicht trinken.

Wenn man zu viel Wasser trinkt, kann man sterben.

In Malaysia glaubte man früher, dass sich ein Baby erst im Gehirn eines Mannes entwickle, bevor es über den Geschlechtsverkehr in den Körper der Mutter gelange.

Die Stoffwechselerkrankung Porphyrie kann dazu führen, dass sich der Urin des Betroffenen rot, lila oder blau verfärbt.

Bis heute ist es nicht möglich, Blut künstlich herzustellen.

Das Tritonus-Paradoxon beschreibt ein Phänomen der Wahrnehmungspsychologie in der Musik: Während ein Hörer Töne im Abstand von drei Ganztonschritten, beispielsweise das Tonpaar C und Fis, immer als aufwärtsgerichtetes Intervall wahrnimmt, nimmt ein anderer Hörer dieses Paar immer als Abwärtsschritt wahr. Niemand weiß genau, warum.

Die »Bacon Therapy« (Specktherapie) ist eine Behandlungsmethode für Hautkrankheiten.

Während einer Rezession sterben weniger Menschen als sonst.

Den Rosenkranz zu beten ist gut für die Herzgesundheit, da das rhythmische Wiederholen von Wörtern die Atmung reguliert.

Früher wurden Patienten mit Lungenentzündung Rippen entfernt, um den Eiter aus den Lungen ablassen zu können.

Die »Nickkrankheit« ist unter anderem durch Anfälle von Kopfnicken beim Anblick von bekannten Speisen gekennzeichnet. Ausschließlich Kinder in Tansania, dem Südsudan und Uganda erkranken daran; die Ursache ist unbekannt.

Bei gleichem Brennwert macht Olivenöl satter als Butter.

Kokain wird von manchen Ärzten zur schnellen Behandlung von Kopfwunden bei Kindern empfohlen, da es schmerzstillend wirkt und die Blutung stoppt.

Eine einzelne Dosis LSD kann beim Alkoholentzug helfen.

Der National Health Service (NHS) in Großbritannien empfiehlt Heroin für Frauen, die in den Wehen liegen.

Ecstasy kann zur Behandlung von posttraumatischer Belastungsstörung verwendet werden.

Der schleimige Auswurf beim Husten heißt Sputum.

Babys haben 300 Knochen, 90 mehr als ein Erwachsener.

Mit einem Schnorchel, der länger als 35 Zentimeter ist, würde man ersticken.

Das Gehirn ist nachts aktiver als tagsüber.

(Echte) Blondinen haben die meisten Haare auf dem Kopf, Rothaarige die wenigsten.

Die Geschwindigkeit des Ejakulats beim Samenerguss beträgt 45 Kilometer pro Stunde.

Die gesamte Haut eines Menschen ist schwerer als sein Skelett.

Speichel fördert die Wundheilung.

Vor dem Sterben produziert der Körper des Menschen besonders große Mengen Dimethyltryptamin, eine Droge, die laut Betäubungsmittelgesetz verboten ist.

Indianern wächst kein Bart.

Das Kauen von Betelpfeffer hilft gegen Zahnschmerzen.

Koffein macht nicht wach, sondern der Koffeinentzug müde. Trinkt man Kaffee, verschwinden die Entzugserscheinungen.

Das menschliche Herz kann Blut zehn Meter weit spritzen.

30 Prozent der Menschen leiden am Lichtniesen. Sie müssen niesen, wenn sie aus der Dunkelheit ins Sonnenlicht treten.

Nachts um drei sterben die meisten Menschen und werden die meisten Kinder geboren.

Ohne UV-Nachschub hält Sonnenbräune ca. drei Wochen.

Dem Menschen wächst derzeit verstärkt eine neue Arterie im Unterarm, die Arteria mediana, die früher verkümmerte. Sie verbessert die Blutversorgung der Finger.

Evolutionsforscher gehen davon aus, dass die Menschen in Zukunft kürzere Beine und noch kleinere Kiefer bekommen werden.

Die Oberfläche der menschlichen Lunge ist größer als ein Squashfeld.

Menschen, die einen Herzstillstand durch Blitzschlag erlitten haben, lassen sich leichter reanimieren.

Das Mathematikzentrum im menschlichen Gehirn ist einen Zentimeter groß.

Es gibt Menschen, deren Gehirn Audio- und Videosignale asynchron verarbeitet. Das heißt, sie hören jemanden bereits, bevor sie sehen, dass er spricht.

Die Herzen von Chorsängern schlagen beim Musizieren im Takt.

Hyponatriämie wird durch eine Wasservergiftung hervorgerufen.

Zwei Prozent der Menschen haben aufgrund eines Gendefekts keinen Achselgeruch.

Spinat ist schlecht für die Zähne.

Das Blut des asiatischen Marienkäfers wirkt genauso stark wie ein Antibiotikum aus der Apotheke.

Das Stechen einer Tätowierung bereitet am Fußknöchel die meisten Schmerzen.

Die Fingernägel des Menschen wachsen heute schneller als vor 50 Jahren.

Der »Schlaf« in den Augen ist eine Mischung aus Tränenflüssigkeit, abgestorbenen Bakterien und weißen Blutkörperchen.

Menschen, die am hyperthymestischen Syndrom leiden, können nichts vergessen.

Taxifahrer haben einen größeren Hippocampus als normale Menschen.

An Meteorismus leidet, wer übermäßige Gasansammlungen in seinem Dickdarm hat.

Intensives Headbanging kann Gehirnerschütterungen verursachen.

Dank der Schrumpelfinger im Wasser ist der Mensch in der Lage, nasse Gegenstände besser zu greifen.

Injektionsnadeln, die wie Insektenstacheln geschuppt sind, stechen schonender.

Schwangerschaften sind ansteckend: Wenn eine Freundin oder Kollegin ein Kind bekommt, steigt die eigene Wahrscheinlichkeit, ebenfalls schwanger zu werden.

Beim Tauchen mit Pressluft kommt es ab einer Tiefe von 40 Metern oft zum Tiefenrausch, der in seiner Wirkung mit einem Alkoholrausch vergleichbar ist.

Das menschliche Ohr produziert elektrische Energie.

Männer mit hohem Testosteronspiegel sind ehrlicher.

Den emotionsbedingten Totalausfall der Muskulatur, hervorgerufen durch Schreck, Lachen oder Freude, nennt man Kataplexie.

Der Kot von Fleischfressern riecht stärker als der von Vegetariern. Dafür müssen Vegetarier häufiger pupsen.

Wer einmal Herpes bekommen hat, behält die Viren ein Leben lang im Körper.

Menschen, die an Dyskalkulie leiden, sind zahlenblind. Sie sind nicht oder nur sehr schwer in der Lage, Zahlen zu erfassen.

Es gibt eine
Krankheit namens
„Exploding Head
Syndrome".

Metalldampffieber löst Schüttelfrost und abendliches Unwohlsein aus, verursacht aber keine bleibenden Schäden.

Es ist möglich, aufgrund einer intensiven Stressreaktion an gebrochenem Herzen zu sterben.

Kastrierte Männer leben länger.

Chronostasis ist eine Wahrnehmungsstörung der Zeit. Schaut man beispielsweise auf eine Uhr, erscheint die erste Sekunde stets länger als die zweite.

Sexuelle Erregung schaltet das Ekelgefühl ab.

Frauen sehen in wärmeren Farbtönen als Männer.

Klarträumer sind in der Lage, ihre Trauminhalte wissentlich zu steuern.

Amerikanische Ärzte haben Krebspatienten mithilfe von HIV-Viren geheilt.

Kinder, die mit Musik groß werden, können ihr Leben lang besser hören.

Etwa 75 000 Menschen auf der Welt leben mit einem Hirnschrittmacher.

Kryolipolyse ist eine Schönheitsbehandlung, bei der Fettzellen durch Vereisung getötet werden. Die abgestorbenen Zellen werden anschließend von der Leber auf natürlichem Weg abgebaut.

Frischer Schweiß ist geruchlos.

Es gibt digitale Tabletten, die Funksignale senden, anhand derer ein Arzt kontrollieren kann, ob der Patient seine Medizin wirklich eingenommen hat.

»Teure« Placebos wirken besser als billig aussehende.

Beim Joggen atmet der Mensch 36 Liter Luft pro Minute ein und aus.

Reiner Sauerstoff ist giftig.

Kehrt ein Taucher zu schnell an die Wasseroberfläche zurück, platzt seine Lunge.

Tränen der Trauer sind eiweißhaltiger als Tränen durchs Zwiebelschneiden.

Das menschliche Gehirn verbraucht pro Tag zwölf Watt Energie.

Pro Sekunde nehmen wir elf Millionen Sinneseindrücke wahr. Unser Gehirn verarbeitet davon nur 40.

Menschen mit Hirnschädigungen im rechten Stirnlappen verstehen keine Witze mehr.

Menschen, die an Hyperhidrose leiden, schwitzen permanent – egal, ob warme oder kalte Temperaturen herrschen.

Bei Vollmond schlafen Menschen im Schnitt 20 Minuten weniger.

Die Entzündung der Haut bei einem Sonnenbrand ist bereits Teil des Heilungsprozesses.

Forscher können Gehörtes aus Hirnströmen rekonstruieren.

Theoretisch kann ein Mensch von 15 Kilogramm Körperfett bis zu 60 Tage lang zehren.

Bei Hunger erhöht sich die Empfindlichkeit der Zunge für Süßes.

Kinder mit niedrigem Geburtsgewicht kommen früher in die Pubertät.

Alkohol kommt nach sechs Minuten im Gehirn an.

Bei Säuglingen verbraucht das Gehirn 50 Prozent der gesamten Energie.

Von Generation zu Generation werden 100 bis 200 Mutationen vererbt.

Bei einem Marathon kann man bis zu fünf Kilogramm Gewicht verlieren.

Marathonläufer haben nach dem Rennen die gleichen Blutwerte wie Herzinfarktpatienten.

Vor 17 000 Jahren lebte in Indonesien eine Menschenart, die nur einen Meter groß war.

Frauen, die mit dem Parasiten Toxoplasma gondii infiziert sind, bringen überdurchschnittlich viele Jungen zur Welt.

UV-Licht fördert die Wundheilung.

Testosteron schützt vor Entzündungen.

UV-Tattoos leuchten nur unter Schwarzlicht.

Zwillinge riechen gleich.

Männer, die mit dem Parasiten Toxoplasma gondii infiziert sind, sind doppelt so häufig in Autounfälle verwickelt. Der Parasit schraubt die Risikofreude der Männer hoch.

Um die Übertragung des Dengue-Fiebers einzudämmen, haben Forscher auf den Kaiman-Inseln genetisch veränderte Mücken ausgesetzt, die ihre eigene Art töten. Der Feldversuch war erfolgreich.

Wer weniger isst, lebt länger.

Zwillingsgeburten sind bei großen Frauen häufiger.

Die Druckrezeptoren in unserer Haut heißen Merkel-Zellen.

Eine Mutation im Gen SCN9A macht Menschen gegenüber Schmerzen vollkommen unempfindlich. Sie spüren selbst bei Knochenbrüchen nichts.

Wer an der Schaufensterkrankheit leidet, muss beim Gehen immer wieder Pausen einlegen.

In der Regel erkranken Menschen, die der Atkins-Diät folgen, nach drei bis vier Tagen an der sogenannten Atkins-Grippe.

Menschen mit kleinen Händen haben mehr Gefühl in den Fingern.

Es gibt Menschen, die den Geruch von Veilchen als säuerlich empfinden.

Die längste erfolgreiche medizinische Operation dauerte 36 Stunden. 150 Ärzte waren an ihr beteiligt.

Aus Stammzellen, die aus Urin gewonnen wurden, lassen sich neue Zähne züchten.

Im Alter von 16 bis 20 Jahren entspricht die Gebärmutter einer Frau exakt den Vorgaben des Goldenen Schnitts.

Menschen, die süchtig nach gebräunter Haut sind, leiden an Tanorexie.

Anhand einer Untersuchung des Sauerstoff-Stickstoff-Anteils in Darmwinden lässt sich bestimmen, ob die Ernährung oder zu hastiges Essen schuld an den Blähungen ist.

Es ist möglich, mit offenen Augen zu schlafen – dabei handelt es sich jedoch um eine Erkrankung namens Lagophthalmus.

Spermien haben ein Gedächtnis.

Frisch gepresstes Olivenöl wirkt wie ein Schmerzmittel auf den menschlichen Körper.

Speichel repariert Zähne.

Ohne Zahnpflege wächst Plaque innerhalb einer Woche um einen Millimeter.

Mit der richtigen Fahrtechnik lässt sich die Reisekrankheit verhindern.

Verschluckt man sich beim Schwimmen im Toten Meer und gelangen dabei mehr als 50 Milliliter des Wassers in die Lunge, ist man innerhalb von fünf Minuten tot.

Der Verzehr von fünf Zigaretten ist tödlich.

Karies ist die am weitesten verbreitete Infektionskrankheit der Welt.

Holzzucker, zum Beispiel aus Birkenholz oder Maiskolben, schützt die Zähne vor Karies.

Frauen essen in ihrem Leben 2 bis 3 Kilogramm Lippenstift.

Alkoholkonsum ist drei Monate lang in den Haaren nachweisbar.

Anhand eines zwölf Zentimeter langen Haares lässt sich der Drogenkonsum eines ganzen Jahres analysieren.

Ein Mikrochip in der Netzhaut lässt Blinde wieder sehen.

Menschen ohne Orientierungssinn leiden an Topographagnosie.

Im Herbst haben Männer die meiste Lust auf Sex.

Frauen mit dem Turner-Syndrom haben statt zwei nur ein X-Chromosom.

Nikotin macht süchtiger als Heroin.

Es gibt Migräne ohne Kopfschmerz.

Fußballer bekommen O-Beine.

Blindmäuse heilen Krebs innerhalb von Tagen.

Bakterien können an Viren erkranken.

Wer von dem Pilz Aspergillus fumigatus befallen wird, schimmelt bei lebendigem Leib.

Forscher in England haben einen Honig entwickelt, der Wunden heilt und selbst bei Krebs hilft.

Bei Bluthochdruck schrumpft das Gehirn.

Der Mensch atmet jeden Monat ein halbes Kilogramm Staub ein.

Das Trommelfell platzt bei 150 Dezibel.

Unser Ohr kann die Lautstärke um bis zu 30 Dezibel »herunterdrehen«.

Unser Trommelfell ist 0,1 Millimeter dick.

Sonnenbaden schützt vor Karies.

Forscher der Universität Harvard haben eine Steuerung gebaut, mit der es einem Menschen möglich ist, den Schwanz einer Ratte nur mit seinen Gedanken zu bewegen.

Nach einem Herzstillstand kommt es im Gehirn zu Hyperaktivität. Forscher vermuten in diesem Effekt die Ursache für Nahtoderlebnisse.

Von den 500 Millionen Spermien bei einem Samenerguss schaffen es nur 500 bis zur Eizelle.

Es stimmt nicht, dass das schnellste Spermium das Ei befruchtet.

Die Zahl der Zahnerkrankungen ist beim Menschen seit der Jungsteinzeit kontinuierlich gestiegen.

Menschen, die von Blähungen sexuell erregt werden, leiden an Eproctophilia.

Weltweit steigt die Zahl der Kurzsichtigen rasant an. Es handelt sich dabei jedoch nicht um eine genetische Veränderung. Die Augen passen sich nur an das immer mehr geforderte Nahsehen bei Smartphone, Computer und TV an.

Spannungskopfschmerzen entstehen im Rücken.

Wangenküsse zwischen Frau und Mann erhöhen die Gesichtstemperatur mehr als gleichgeschlechtliche Wangenküsse.

Der Geruch von Frauentränen nimmt Männern die Lust am Sex.

Patienten, die am Frontalhirnsyndrom leiden, verlieren ihre normale Persönlichkeit und werden zu anderen Menschen.

Männer schwitzen schneller als Frauen.

Wer an Trichotillomanie leidet, reißt sich zwanghaft die Haare aus und isst sie manchmal sogar.

Die Angst vor dem Erröten heißt Erythrophobie.

Das im Gehirn für Panik verantwortliche Areal heißt Mandelkern.

Regen enthält Vitamin B12.

Die Blauzungenkrankheit wird von Gnitzen, einer speziellen Mückenart, übertragen.

Die Totenstarre beginnt immer bei der Kaumuskulatur und den Augenlidern.

Nach zwei Tagen lässt die Totenstarre wieder nach.

Zitronen lassen Wunden schneller heilen.

Medizinische Implantate können durch Musik mit Strom versorgt werden. Besonders geeignet ist Rap.

Das Selbstmordrisiko lässt sich mit einem Bluttest feststellen.

Mediziner nennen ein blaues Auge Monokelhämatom. Zwei blaue Augen sind ein Brillenhämatom.

Der Amerikaner Henry Gustav Molaison lebte ohne Langzeitgedächtnis. Er konnte beispielsweise eine Sportart lernen und sie ausüben, sich jedoch nicht daran erinnern, sie jemals erlernt zu haben.

Wer an Hyperphagie leidet, muss Unmengen essen, ohne Hunger zu haben.

Der Hirninfarkt ist die häufigste Form des Schlaganfalls.

Traumata können im Gehirn gezielt gelöscht werden.

Menschen, die an Rindenblindheit leiden, können sehen, obwohl sie nicht sehen können. Sie haben ein intaktes Auge. Allerdings ist ihr Gehirn geschädigt, sodass sie nicht bewusst, sondern nur unbewusst sehen.

TECHNOLOGIE & TECHNIK

Es gibt 43 Trillionen Kombinationen, um einen Zauberwürfel zu lösen.

Ein Erfinder starb 1912, als er bei einem Sprung vom Eiffelturm die Funktionstüchtigkeit seines Fallschirmanzugs demonstrieren wollte.

Dosenmandarinen werden mit Salzsäure geschält.

Tracy ist das teuerste Schaf der Welt. Ein deutscher Chemie-Konzern kaufte es für etwa 15 Millionen Euro einer schottischen Gentechnikfirma ab.

Im Grab des Pharaos Tutanchamun wurden Gehstöcke gefunden.

Das Soybean Car war ein Fahrzeug, das der US-amerikanische Automobilhersteller Henry Ford 1941 der Öffentlichkeit vorstellte.

Mit dem »Indiana Pi Bill« sollte die Kreiszahl π gesetzlich auf 3,2 (oder 4) festgelegt werden.

Es gibt einen Geruch, der sich »US-Regierungs-Standard-Toiletten-Gestank« (»US Government Standard Bathroom Malodor«) nennt.

Mehr als 2500 Linkshänder sterben jährlich durch die Verwendung eines Produkts für Rechtshänder.

Der Beton aus der Römerzeit ist stabiler als heutige Mischungen.

Die amerikanische Library of Congress archiviert alle öffentlichen Tweets – bisher mehr als 170 Milliarden Stück.

Die erste Margarine der Welt enthielt Rindertalg, Magermilch und eine Prise klein gehacktes Kuheuter.

Der finnische IT-Experte Jerry Jalava ließ sich, nachdem er bei einem Motorradunfall 2008 einen Finger verloren hatte, einen USB-Stick anstelle einer Fingerprothese einsetzen.

E-Mail-Adressen, die mit A, M oder S beginnen, erhalten mehr Spam als solche, die mit Q oder Z beginnen.

Menschen tragen seit 40 000 Jahren Schuhe.

Man bräuchte zwölf Jahre, um alle Videos zu sehen, die an einem Tag auf YouTube hochgeladen werden.

Der Gründer des Automobilherstellers Toyota heißt mit Nachnamen Toyoda.

Die Metallkappe, die sich am Ende eines Schnürsenkels befindet, nennt man Pinke.

Früher dienten Kerzen als Uhren.

Kauft man ein Navigerät von TomTom, kann man sich den Weg von »Star Wars«-Figuren leiten lassen. Im Angebot sind Darth Vader, C-3PO, Yoda und Han Solo.

Das Feuerzeug wurde vor dem Streichholz erfunden.

Die mathematische Funktion »Sinus« kann mit »Busen« übersetzt werden.

Es gibt Laser, die 8.000-mal heller als die Sonne leuchten.

Die bisher langlebigste Glühlampe brennt seit mehr als 110 Jahren in einem Feuerwehrgebäude in Kalifornien.

Die Kosten zur Erzeugung von Solarenergie fielen von 77 Dollar/Watt im Jahr 1977 auf 74 Cent/Watt im Jahr 2013.

Forscher an der Universität Harvard haben eine Roboterfliege gebaut.

Der Amerikaner Ron Popeil hat ein Gerät erfunden, das Eier bereits in der Schale verrührt, den sogenannten »Inside-the-Shell Egg Scrambler«.

Die Firma Nokia produzierte ursprünglich Papier und Gummistiefel.

Nachdem die Prognose des Wissenschaftlers Ravi Batra einer wirtschaftlichen Depression im Jahr 1990 in seinen Büchern »The Great Depression of 1990« und »Surviving the Great Depression of 1990« nicht wahr wurde, verlieh man ihm den alternativen Ig-Nobelpreis mit der augenzwinkernden Begründung, dass er durch den Verkauf seiner Bücher ebendiese Depression im Alleingang verhindert habe.

Eine medizinische Studie aus dem Jahr 1993 hat hundertmal so viele Autoren wie Seiten.

Die erste Guillotine wurde an Schafen getestet.

»SALSA« ist ein Tool zur sekundenschnellen Analyse von Social-Media-Nachrichten.

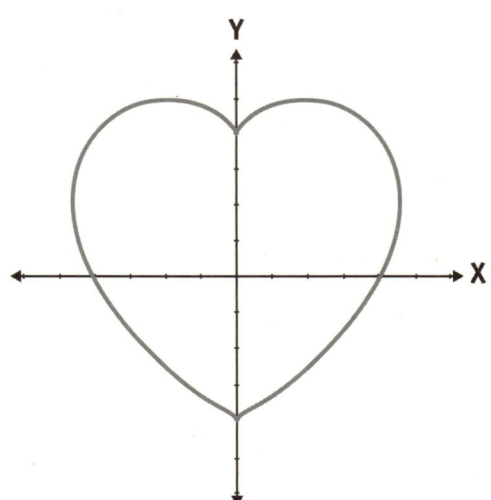

Die Formel
(x2 y2-1)3-x2y3=0
ergibt als Graph im Koordinatensystem
ein Herz.

An der University of Pittsburgh wurde ein Roboterarm entwickelt, der durch die Gedanken einer querschnittsgelähmten Frau gesteuert wurde.

Mithilfe gentechnisch veränderter Seidenraupen wurde Seide produziert, die fester als Stahl ist.

Eine kanadische Firma hat ein Material namens Quantum Stealth entwickelt, das Menschen unsichtbar machen soll.

In Granada verwendeten die Menschen früher Tierknochenpulver, um ihren Mörtel stabiler zu machen.

»Autonomes Fahrzeug« ist die offizielle Bezeichnung für Autos, die ohne Fahrer fahren können.

Roboterautos (Autos ohne Fahrer) sind in Kalifornien, Nevada und Florida legal.

Das erste zwischen Amerika und Europa verlegte Atlantikkabel für den Austausch von Telegrammen funktionierte nur einen Tag lang.

Ein 3-D-Drucker wurde verwendet, um ein funktionierendes Kiefertransplantat zu produzieren.

Wissenschaftler haben einen Roboter entwickelt, der menschliches Verhalten voraussieht und einem zum Beispiel Bier einschenkt.

Handys können mithilfe von Ameisensäure aufgeladen werden.

Wissenschaftler haben es geschafft, flüssigen Zement in flüssiges Metall zu verwandeln.

Die meisten Computer (794,65) und Fernsehgeräte (949,62) pro 1000 Einwohner gibt es in den USA.

1923 wurde in Deutschland Geldscheine auf Aluminiumfolie gedruckt.

Wissenschaftler haben ein Gerät entwickelt, mit dem die Gehirnaktivität von Würmern gemessen werden kann. Dadurch sollen die Auswirkungen von Drogen genauer erforscht werden.

90 Prozent aller Daten auf der Welt wurden in den letzten beiden Jahren generiert.

Der kleinste Tropfen Flüssigkeit, der je im Labor hergestellt wurde, hat die Größe eines Hunderttausendstels eines Wasserstoffatoms.

80 Prozent der Handybesitzer halten sich das Mobiltelefon ans rechte Ohr.

In der »Biosphere 2«-Mission verbrachten acht Menschen zwei Jahre in einer versiegelten künstlichen Umwelt.

Deutsche Forscher haben Plastik aus Holz hergestellt.

Ende des 19. Jahrhunderts war die »Berliner Zeit« der »Münchner Ortszeit« um sieben Minuten voraus.

»FloBi« ist ein Roboterkopf, der mit Gesichtsausdrücken auf seinen Gesprächspartner reagiert und auch antwortet.

Forscher sagen vorher, dass Kühlschränke in Zukunft sprechen und tweeten können.

MorePhone ist ein Smartphone, das seine Form ändert, um seinen Besitzer lautlos zu benachrichtigen – bei einem eingehenden Anruf etwa rollt es sich zusammen.

Der erste Vibrator aus dem Jahr 1869 wurde mit Dampf betrieben.

In einer Studie wurde Schwachsichtigkeit (Amblyopie) mithilfe des Computerspiels Tetris behandelt.

Ein Barn (englisch für Scheune) sind 10–28 m².

Weniger als ein Prozent der Autos auf amerikanischen Straßen sind Elektrofahrzeuge.

Das Nanocar ist das definitiv kleinste Fahrzeug der Welt. Es handelt sich dabei um eine drei mal vier Nanometer große Anordnung von Atomen in Form eines Fahrzeugs.

Ein amerikanischer Penny landet beim Münzwurf in 80 Prozent der Fälle auf Zahl – der Grund: Die Kopfseite ist wegen der Abbildung etwas schwerer.

Ein japanischer Roboter gewinnt in 100 Prozent der Fälle bei Schere-Stein-Papier gegen Menschen.

Die Wasserreserven von Los Angeles sind mit einer Schicht aus 400 000 schwarzen Bällen bedeckt – damit soll das Wasser am Verdunsten gehindert werden.

Eine Mikrowelle verbraucht mehr Energie durch die digitale Zeitanzeige als durch das Erwärmen von Speisen. Der Grund: 99 Prozent der Zeit wird eine Mikrowelle nicht benutzt, die Uhr ist aber in Betrieb.

Auto-Tune wurde ursprünglich entwickelt, um bei der Suche nach Ölreserven zu helfen.

Wenn man die Richtung eines Deckenventilators umkehrt, hilft er im Winter dabei, die warme Luft besser im Raum zu verteilen.

Wissenschaftler haben einen Feueralarm für Gehörlose entwickelt, der bei Rauchbildung Wasabi versprüht.

Die Klein'sche Flasche ist ein geometrisches Objekt, bei dem außen und innen nicht unterschieden werden können.

Die Stärke eines Lasers wurde ursprünglich in »Gillettes« gemessen – also darin, wie viele Rasierklingen der Marke Gillette er durchdringen konnte.

Die Rechte-Hand-Regel besagt, dass man erfolgreich durch ein Labyrinth gelangt, indem man immer rechts geht.

Die älteste Flöte der Welt ist 35 000 Jahre alt. Sie wurde aus den Knochen eines Gänsegeiers hergestellt.

Mithilfe eines 3-D-Druckers wurde eine Batterie hergestellt, die so groß wie ein Sandkorn ist.

Der Versuch, in der Mathematik Zahlen als interessant oder uninteressant zu klassifizieren, führte zum Interessante-Zahlen-Paradoxon. Eine Zahl ohne jegliche besondere Eigenschaft ist eine uninteressante Zahl, alle anderen Zahlen sind interessante Zahlen. Das Paradoxon entsteht, weil die Tatsache, dass eine Zahl keine besondere Eigenschaft hat, wiederum als besonders gesehen werden kann.

Der NULL-Algorithmus ist ein scherzhaft gebrauchter Begriff für einen Algorithmus, der weder etwas bewirkt noch tut.

Wissenschaftler haben ein Computermodell entwickelt, das Tagträume simuliert.

Peg DHCP ist eine aus einem Aprilscherz entstandene Methode, in einem lokalen Computernetzwerk den einzelnen Geräten die richtige Netzwerkkonfiguration mithilfe von Wäscheklammern zuzuweisen. Die Methode wurde tatsächlich in der Praxis umgesetzt.

Mithilfe des Hyper Text Coffee Pot Control Protocol (Hypertext-Kaffeekannensteuerungsprotokoll) kontrolliert und überwacht man vernetzte Kaffeemaschinen.

Fröhliche Zahlen, glückliche Zahlen und narzisstische Zahlen sind jeweils Untermengen der natürlichen Zahlen.

Die Form eines Pringles-Chips heißt in der Mathematik »hyperbolisches Paraboloid«.

Peking gilt als am stärksten verschmutzte Stadt der Welt.

In einem wissenschaftlichen Artikel namens »Helicarrier: Highly Feasible or Hollywood Hijinks?« untersuchten Forscher, ob der Helicarrier aus Avengers physikalisch möglich wäre. Die Antwort: Nein.

Johannes Kepler entwickelte ein mathematisches Integrationsverfahren, weil er sich beim Weinkauf betrogen fühlte.

Licht mit einer bestimmten Frequenz kann zur Desinfizierung von Räumen verwendet werden.

Erhitzt man Gold zu schnell, wird es härter.

Die Warteschlangentheorie beschäftigt sich mit der mathematischen Analyse von Warteschlangen.

Das kleinste Puzzle der Welt besteht aus drei Teilen, die je weniger als einen Millimeter groß sind.

Im alten Rom gab es kein Zahlzeichen für die Null.

Die CIA ließ sich von den Bond-Romanen »Goldfinger« und »Liebesgrüße aus Moskau« zur Entwicklung bestimmter Gadgets inspirieren, darunter ein Schuh mit einer vergifteten Messerklinge.

Die erste Tonaufnahme aus dem Jahr 1860 funktionierte, indem eine Schweineborste die Klänge auf eine Walze übertrug.

Die erste weltweit ausgestrahlte Fernseh-Liveübertragung war eine Aufführung des Beatles-Songs »All You Need is Love« in der Sendung »Our World«.

Luxemburg besitzt weltweit die meisten Telefonanschlüsse je 1000 Einwohner.

Norwegen hat pro Kopf den höchsten Elektrizitätsverbrauch der Erde.

Ein mittelmäßig geübter Morsefunker kann ca. 20 Wörter pro Minute (20 WpM) erfassen, trainierte Funker schaffen über 50 WpM. Der Weltrekord liegt bei 88 WpM.

Das standardisiert eingesetzte Wort für die Bestimmung der Morsegeschwindigkeit (WpM) ist »Paris«.

Wenn man mit der Hand schreibt, erreicht man eine Schreibgeschwindigkeit von bis zu 15 Wörtern pro Minute.

Bei 80 bis 90 Prozent aller Ölbohrungen trifft der Bohrkopf wertloses Sediment statt schwarzes Gold.

Ein durchschnittliches Pferd kann kurzzeitig bis zu 24 PS (Pferdestärken) leisten. Die Dauerleistung beträgt allerdings tatsächlich ungefähr ein PS.

Die erste Automatik-Uhr war eine Rolex.

Teflon ist ein Markenname. Die Beschichtung heißt Polytetrafluorethylen.

Der erste im Labor gewachsene, aus Stammzellen hergestellte Burger kostet £ 250 000 (etwa 290 000 Euro).

Düngemittel wurden bereits vor 8000 Jahren in der Landwirtschaft eingesetzt.

Die höchstentwickelte Künstliche Intelligenz ist im Moment so intelligent wie ein durchschnittlicher Vierjähriger.

Japanische Forscher haben Gummi aus Wasser hergestellt.

Hamburg war die erste deutsche Stadt, in der Gebäude auch mit Fernkälte versorgt werden konnten.

Die Firma IBM drehte einen Film, der nur aus sich bewegenden Atomen besteht.

Gentechnisch veränderte Darmbakterien können Dieselkraftstoff herstellen.

Blutspuren an einem Tatort können Temperaturen von 800 Grad überstehen.

Nach zwölf Jahren weist der Asphalt einer Straße erste Schlaglöcher auf.

Der Space Pen, ein Kugelschreiber, der für den Einsatz in der Schwerelosigkeit entwickelt wurde, funktioniert auch unter Wasser.

Autoabgase können mit Harnstoff, also Urin, neutralisiert werden.

Aus Reispflanzen lassen sich Bauteile für Akkus herstellen.

Es gibt Solarflugzeuge, die Strecken bis zu 1500 Kilometer zurücklegen können.

Das Computervirus »Roter Oktober« hat weltweit gezielt Geheimdaten in 350 Ministerien und auf Rechnern von Diplomaten ausgespäht. Niemand weiß, wer es programmiert hat und wo die Daten gelandet sind.

Gras lässt sich innerhalb von drei Stunden in Kohle verwandeln.

LED-Leuchten im Museum verändern die Farben der ausgestellten Gemälde.

Jährlich müssen 900 Millionen Kubikmeter Wasser aus dem Ruhrgebiet in Rhein und Ruhr gepumpt werden, damit das Ruhrgebiet nicht versinkt.

Große Bauprojekte können Erdbeben auslösen. Der Bau des Zipingpu-Staudamms in China verursachte beispielsweise ein Beben der Stärke 7,9. Dabei kamen 80 000 Menschen ums Leben.

Gedachte Bilder des menschlichen Gehirns können mittels Computer sichtbar gemacht werden.

Internet und World Wide Web sind nicht dasselbe: Das Internet ist das tatsächliche Netzwerk von Computern, das World Wide Web ist der Weg, wie man auf Informationen zugreift.

Mit einem Massenspektrometer ausgestattete Elektroskalpelle können Tumorgewebe selbst erkennen.

In Los Angeles werden leer stehende Gebäude mit Stinkstiersekret eingesprüht, um so deren Inbesitznahme durch Kriminelle oder Obdachlose zu verhindern.

Der IBM-Computer Watson setzte sich 2010 beim Ratespiel »Jeopardy« klar gegen seine menschlichen Konkurrenten durch. Bei dem Quiz muss man die richtige Frage auf eine zuvor formulierte Antwort herausfinden.

Es gibt biegsame Akkus.

Es ist möglich, Lasten mit Schallwellen zu transportieren.

Graphen, eine Carbonverbindung, ist 100-mal robuster als Stahl.

Bologneser Tränen sind gläserne Tropfen mit einem dünnen Glasfaden. Bricht man den Faden ab, zerbirst der Glastropfen zu Glaspulver.

Geigenholz muss 50 Jahre lagern, damit es klingt.

Bilder können nicht schärfer dargestellt werden als in einer Auflösung von 100 000 dpi.

Das Bild des schwedischen Playmates Lena ist eines der am weitesten verbreiteten Testbilder der Computergrafik.

Erwirbt man ein Computerprogramm mit Beerware-Lizenz, muss man dem Programmierer ein Bier ausgeben, wenn man ihn trifft.

Die ersten Fahrstühle wurden mit Dampf betrieben.

Volvo baut in seine Wagen Fußgänger-Airbags, mit denen Personen geschützt werden, auf die das Auto auffährt.

Michel Rotert erhielt die erste E-Mail in Deutschland. Seine Adresse lautete rotert@germany.

Die erste Verkehrsampel funktionierte mit Gaslicht.

Die Besatzung von Apollo 1 verbrannte auf der Startrampe.

Der Scramjet der NASA ist mit 11 000 Kilometern pro Stunde das schnellste Flugzeug der Welt. Es kann nicht eigenständig starten, und eine Landung ist nicht vorgesehen.

Französische Forscher haben aus Luft und Wasser einen Schaum hergestellt, der seine Form monatelang halten kann.

Metalldampf macht Fingerabdrücke auf Textilien sichtbar.

Mörtel wird fester, wenn er mit Reis angerührt wird.

Es gibt Keramikpapier, das so fest ist wie Kupfer und sich dennoch falten lässt.

Anhand einer Haarprobe lässt sich feststellen, ob eine Person verreist war.

Solarzellen mit kleinen Pyramiden auf ihrer Oberfläche liefern mehr Strom.

Es gibt vollkommen transparentes Papier.

Kriminologen können an einem Fingerabdruck ablesen, was der Täter zuvor berührt hat.

Mit Altpapier lässt sich Gold aus Industrieabwässern filtern.

Derzeit arbeiten zwei Unternehmen daran, einen Weltraumlift zu bauen.

Spezielle Schutzhandschuhe können ihren Träger warnen. Sie verfärben sich, sobald sie mit schädlichen Stoffen in Berührung kommen.

Mit Algen und Muscheln bewachsene Schiffe verbrauchen bis zu 25 Prozent mehr Treibstoff.

Es gibt einen künstlichen Gummi, der Risse selbst heilen kann.

Es ist möglich, einen Helikopter per Gedankensteuerung zu fliegen.

Der Prozessor im schnellsten PC der Welt liegt in einem eigens gebauten Kühlschrank. Dort ist es minus 18 Grad kalt.

Hacker können anhand der Schreibgeräusche der Tastatur Texte auslesen.

Aus dem Fett von Krokodilen lässt sich Treibstoff für Autos herstellen.

Aus fallenden Regentropfen lässt sich Strom gewinnen.

80 Prozent des E-Mail-Verkehrs sind Spam.

Forscher haben einen Verbundstoff entwickelt, der wie Muskeln trainierbar ist. Der Stoff wird umso stabiler, je mehr er belastet wird.

Stradivari-Geigen verstärken besonders die Frequenzbereiche der Musik, die auch die menschliche Stimme benutzt.

Diamanten werden mit Diamanten geschliffen.

Bestreicht man glatte Oberflächen mit Polyimiden, können Insekten nicht mehr darauf laufen.

In einem Magnetkühlschrank kommt Leitungswasser als Kühlflüssigkeit zur Anwendung.

Im 19. Jahrhundert wurde Papier aus Lumpen hergestellt.

Anhand eines Fingerabdrucks lässt sich bestimmen, ob der Besitzer Raucher oder Nichtraucher ist.

Forscher haben eine Kohlenstofffolie entwickelt, die nur eine Atomschicht dick ist.

Der Saser ist das Gegenstück zum Laser und funktioniert mit Schallwellen.

Bei Polyanilin handelt es sich um metallischen Kunststoff.

Es ist möglich, Feuer mit Strom zu löschen.

Flugzeuge mit Noppen auf der Außenhaut fliegen spritsparender.

Das Militär arbeitet mit Geisterwolken, Wolken aus metallumhüllten Kunststofffasern, um gegnerisches Radar zu täuschen.

Die Schale der Macadamia-Nuss hat einen ähnlichen Brennwert wie Braunkohle.

Anfang des 20. Jahrhunderts wartete man bis zu 75 Minuten auf die Vermittlung eines Ferngesprächs.

Mit dem Paris-Geschütz konnten die Deutschen die französische Hauptstadt im Ersten Weltkrieg aus 130 Kilometer Entfernung beschießen.

Die Schaltsekunde 2012 ließ weltweit Computer und Server abstürzen.

Moderne Sonnenuhren zeigen Sekunden an.

Zündet man eine Bombe bereits in der Luft, kann sich die Fläche, die sie zerstört, verdoppeln.

Zivile Flüge mit Überschallgeschwindigkeit sind in Deutschland verboten.

Sicherheitsgurte schützen besser als Airbags.

Es gibt Patronen, sogenannte Treibspiegelgeschosse, die sich nicht einer bestimmten Waffe zuordnen lassen.

Wissenschaftler haben Spinnenseide noch reißfester gemacht, indem sie sie mit Metallionen infiltrierten.

Fenster mit Sonnenschutzverglasung lassen nur das Licht durch, ohne dass sich der Raum aufheizen kann.

Computerviren verlangsamen das Internet um 25 Prozent.

Die Druckwelle der Zar-Bombe, der größten jemals gezündeten Wasserstoffbombe, umrundete dreimal die Erde.

Bis heute ist die Ursache des Tunguska-Ereignisses, einer Explosion mit der Stärke von 50 Megatonnen TNT im Jahr 1908, nicht geklärt.

Akustische Kanonen vertreiben einen Angreifer mit Lärm.

Violinen, die regelmäßig gespielt werden, klingen besser als sporadisch verwendete Instrumente.

Gentechnisch veränderte Kartoffeln produzieren Spinnenseide.

Das Telefonieren im Auto erzeugt einen Tunnelblick.

Es sterben mehr Menschen durch Autoabgase als durch Autounfälle.

Die ersten Farbfotos wurden mit Kartoffelstärke gemacht.

Das tiefste Bohrloch war 12 262 Meter tief. Das ist etwa ein Drittel des Erddurchmessers.

Das Fraunhofer Institut entwickelte ein T-Shirt, das die Atmung des Trägers überwacht.

Der schnellste Computer der Welt arbeitet mit über drei Millionen Prozessoren.

SPRACH-WISSENSCHAFTEN

Die chinesische Sprache »Nüshu« wurde ausschließlich von Frauen verwendet, um mit anderen Frauen über ihre Gefühle zu sprechen.

Menschen während der Eiszeit vor 15 000 Jahren hatten vermutlich eine Handvoll Wörter, die auch wir heute noch verstehen würden.

Albert Einstein begann erst mit drei Jahren zu sprechen.

Einige Mythen der australischen Aborigines sind 10 000 Jahre alt.

Es ist möglich, dass zweisprachige Menschen in nur einer von beiden Sprachen legasthenisch sind.

Das Erlernen von Fremdsprachen schützt vor Demenz.

»Anal« ist eine Sprache, die in Indien und Myanmar von 23 000 Menschen der Naga-Volksgruppe gesprochen wird.

Segelflieger nennen Wolken ohne Thermik darunter »Leichen«.

Apostrophitis oder Apostrophenwahn ist die Bezeichnung von Sprachkritikern für die normwidrige Verwendung von Apostrophen.

Das Wort »Karate« bedeutet »leere Hand«.

»Besserwessi« ist eine abschätzige Bezeichnung für das Verhalten einiger westdeutscher Bürger gegenüber der ostdeutschen Bevölkerung, das als besserwisserisch und arrogant empfunden wird.

Als »Bushism« (Bushismus) werden Sprachfiguren bezeichnet, die dem Redestil des ehemaligen US-Präsidenten George W. Bush entsprechen.

Ein Schibboleth ist eine sprachliche Besonderheit, die den Sprecher in Wortgebrauch und Aussprache einer bestimmten Region oder auch einer sozialen Gruppe zuordnet.

Der Diagram-Preis ist ein Literaturpreis für den ungewöhnlichsten Buchtitel des Jahres. Gewinner waren etwa »Berichte der Zweiten Internationalen Arbeitstagung über Nacktmäuse« oder »Das große Buch der lesbischen Pferdegeschichten«.

Im Englischen schwebt man auf Wolke neun.

Die Kühlschrankpoesie besteht aus Wörtern, Silben oder Wortfetzen, die auf Magneten angebracht sind und sich so frei verschieben und zu Sätzen formen lassen.

Ein Leipogramm ist ein Text, in dem auf manche Buchstaben des Alphabets verzichtet wird.

Forscher können auch bei in Stein gemeißelten Texten aus dem Altertum »Handschriften« entziffern.

»Ghoti« spricht man »Fisch« aus. Das »gh« soll wie in »laugh« ausgesprochen werden, das »o« wie in »women« und das »ti« wie in dem Wort »nation«. Durch das Kunstwort soll auf die mangelnde Logik der englischen Schriftsprache hingewiesen werden.

Einige Völker im südlichen Afrika oder auf Papua-Neuguinea haben nur ein Wort für die Farben Grün und Blau.

Die Wohntürme von Rittern hießen Motten.

Das Interrobang, geschrieben »?«, ist ein im Deutschen nicht benutztes Satzzeichen. Es vereint die Bedeutung des Fragezeichens und des Rufzeichens.

»Lorem ipsum dolor sit amet, consectetur, adipisci velit ...« ist ein Blindtext, der als Platzhalter im Layout verwendet wird. Er hat jedoch keine Bedeutung.

»Nihilartikel« oder »U-Boote« sind fingierte Lexikonartikel zu Personen oder Dingen, die außerhalb des Lexikons nicht existent sind.

Die »Raufutter verzehrende Großvieheinheit« ist eine Maßeinheit in der Landwirtschaft, mit der Vieh unterschiedlicher Größe verglichen werden kann. Eine Milchkuh entspricht 1,5 GV.

Der Wortschatz der Kunstsprache Solresol basiert auf den Musiknoten do, re, mi, fa, sol, la, si.

Starckdeutsch ist eine von dem deutschen Maler und Dichter Matthias Koeppel für parodistische Gedichte erfundene Kunstsprache.

Das Wort »Herzattacke« (anstatt »Herzinfarkt«) entstand durch einen Übersetzungsfehler (»heart attack«), findet im Deutschen aber immer stärker Verbreitung.

Pescetarier sind Vegetarier, die Fisch essen.

Das Wort »verballhornen« stammt von dem Buchdrucker Johann Balhorn, der eine alte Ausgabe des Lübecker Stadtrechts überarbeitet haben soll, wonach jedoch mehr Fehler enthalten waren als vorher.

Albert Einstein
begann erst mit 3 Jahren
zu sprechen.

Das Wort Verb ist ein Nomen.

Das Voynich-Manuskript ist ein mysteriöses Schriftstück aus dem 15. Jahrhundert, das in einer noch immer nicht entschlüsselten Schrift und unbekannten Sprache verfasst ist.

Das Auflaufkind bezeichnet ein Kind, das Fußballspieler beim Auflaufen auf den Platz begleitet.

Die Aussprache bestimmter Buchstaben hat einen Zusammenhang mit der Meereshöhe, auf der Menschen leben.

Im Englischen ist der erste und letzte Buchstabe aller Kontinente gleich.

Die Abkürzung e.g. im Englischen steht für »exempli gratia« und heißt »zum Beispiel«.

»Dreamt« ist das einzige englische und nicht zusammengesetzte Wort, das auf »mt« endet.

Isländer haben etwa 16 unterschiedliche Bezeichnungen für Schnee.

Inder verwenden für »gestern« dasselbe Wort wie für »morgen«.

Das chinesische Ideogramm für »friedlich« und »ruhig« zeigt eine Frau unter einem Dach.

Das Vertauschen von Anfangsbuchstaben zweier aufeinanderfolgender Wörter bezeichnet man als Spoonerismus. Beispiele: Somatentuppe, Wünzmurf, Rottenschock, ...

In der ungarischen Sprache wird stets die erste Silbe eines Worts betont, egal, wie lang dieses ist.

Es gibt keine deutschen Wörter, die sich auf Mensch, Honig oder Onkel reimen.

Unter Portmanteau oder Kofferwort versteht man das neu entstandene Wort, wenn man zwei Wörter miteinander kombiniert. Beispiele: Motor + Hotel = Motel oder Breakfast + Lunch = Brunch.

Das hawaiianische Alphabet umfasst nur zwölf Buchstaben.

»Underground« ist das einzige englische Wort, dass sowohl mit »und« beginnt als auch endet.

In Südafrika werden Verkehrsampeln »robots«, also Roboter, genannt.

Ist eine Frau mit mehreren Männern verheiratet, spricht man von Polyandrie.

Autofahrer, die ihren Wagen nur ungenügend von Schnee und Eis befreit haben, nennt man Iglufahrer.

Papierboote sind kleine Tintenfische.

Die Wolke, die sich nach großen Explosionen ausbreitet, heißt Wilson-Wolke.

Es gibt einen Kugelschreiber, der vibriert, wenn ein Wort mit ihm falsch geschrieben wird.

Das Wort Krill stammt aus dem Norwegischen und heißt »Was der Wal frisst«.

Das Phänomen von Nachahmungstätern nach publik gewordenen Selbstmorden nennt man nach einem Roman von Goethe Werther-Effekt.

Jede zweite Woche stirbt eine Sprache aus.

GEOGRAFIE & ASTRONOMIE

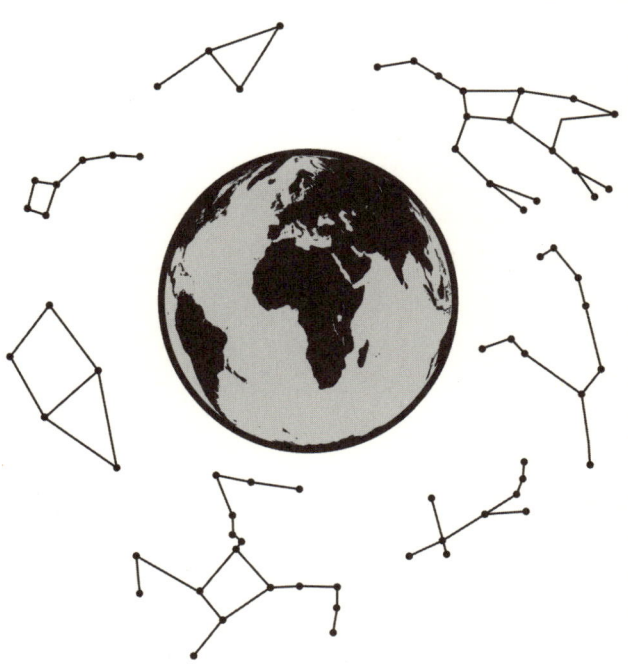

In 1000 Jahren wandert ein Tropfen Meerwasser einmal rund um die Welt.

Die Durchschnittsfarbe des Universums heißt »Cosmic Latte« – eine Art Beige.

Die Spaghettisierung beschreibt einen Effekt, der in der Nähe von Schwarzen Löchern auftritt.

Auf der Internationalen Raumstation ISS befindet sich ein Geocache.

Seit der Entdeckung Plutos ist dort erst ein Dritteljahr vergangen.

Nachdem die US-Raumstation Skylab 1979 abgestürzt war, schickte eine australische Gemeinde den USA einen Bußgeldbescheid über 400 Dollar wegen unerlaubter Abfallentsorgung.

Auf dem Mond liegen zwei Golfbälle.

Der erste Neandertaler wurde in der Nähe von Dortmund gefunden.

Wenn wir uns die Erde als Apfel vorstellen, ist die gesamte Atmosphäre dünner als die Apfelschale.

Weil sich die Erde dreht, fliegt ein Objekt, wenn es in Richtung Westen geworfen wird, weiter.

Die USA haben so viele asphaltierte Straßen, dass deren Länge ausreichen würde, um die Erde mehr als 100-mal zu umrunden.

Eine Expedition zum Mars würde 500 Tage dauern (Hin- und Rückflug).

Im 15. Jahrhundert lag auf Landkarten die Himmelsrichtung Osten oben.

Seit Beginn der Temperaturaufzeichnungen war jede Dekade wärmer als die davor.

Der magnetische und der geografische Nordpol liegen mehr als 1000 Kilometer auseinander.

Der Amerikaner Dennis Hope ließ sich 1980 beim Grundbuchamt von San Francisco als Besitzer unseres Sonnensystems eintragen.

Die McMurdo-Antarktis-Station hat eine eigene Zeitung (die »Antarctic Sun«).

Die Erde wiegt ungefähr 5.973.600.000.000.000.000.000 Tonnen.

Im Toten Meer verdampfen jeden Tag ca. sieben Millionen Tonnen Wasser. Das Salz bleibt.

Die Raumsonde Voyager I verließ im Jahr 2012 als erstes von Menschenhand gefertigtes Objekt unser Sonnensystem. Gestartet war sie 1977.

Es gibt einen Planeten, der fünfmal so groß wie die Erde ist und komplett aus Diamant besteht.

Laut Wissenschaftlern ist von allen Orten der Erde Australien dem Mars am ähnlichsten.

Die alten Ägypter verwendeten Meteoritenstücke als Grabbeigaben.

Astronauten der NASA werden im All mit Musik geweckt – oft mit Liedern, die zu ihrer Situation passen, darunter »Fly Me to the Moon« von Frank Sinatra oder »Pigs in Space« von den Muppets.

Dunwich ist eine im Meer versunkene Stadt und wird auch »britisches Atlantis« genannt.

Natürlich vorkommende »Ewige Flammen« werden durch langsam aus der Erde austretendes Gas genährt.

Die Tränen von weinenden Astronauten im All lösen sich von den Augen und fliegen herum.

Ein Tag auf der Venus dauert länger als ein Venusjahr – die Venus umrundet die Sonne schneller, als sie sich einmal um die eigene Achse dreht.

In Pakistan werden künstliche Gletscher als Wasserspeicher eingesetzt. Dabei ist es wichtig, dass diese Gletscher stets »männliches« (verunreinigtes, sich langsam bewegendes) und »weibliches« (reines, sich schnell bewegendes) Eis beinhalten.

Beim »Weltraumlift« handelt sich um ein ernsthaftes Projekt, um in ferner Zukunft den Aufstieg ins Weltall durch einen Aufzug zu ermöglichen.

Nach der Apollo-13-Mission stellte der Hersteller der Mondlandefähre dem Hersteller der Kommandokapsel 417.421,24 Dollar als Abschleppkosten in Rechnung.

Über 50 Jahre lang konnte man den Buenaventura River auf Landkarten Nordamerikas finden, bis er sich 1844 als nichtexistent herausstellte.

Am 9. November 1921 entdeckte Walter Baade einen Asterioden, dem er den Kosenamen seiner Frau gab: Muschi.

82 Prozent der Menschen, die vom Blitz getroffen werden, sind Männer.

Astronauten müssen in der Nähe einer Ventilationsanlage schlafen – ansonsten würde das beim Atmen produzierte Kohlendioxid nicht im Raum verteilt werden, und sie würden ersticken.

Alaska ist, technisch gesehen, der westlichste und östlichste Staat der USA – eine Inselgruppe liegt auf der anderen Seite des 180°-Meridians.

In bestimmten Gegenden Kanadas, etwa der Hudson Bay, ist die Schwerkraft weniger stark als auf der restlichen Erde.

Nur 20 Prozent der Sahara sind mit Sand bedeckt.

Eine Wolke kann so schwer wie 6200 Blauwale sein.

Der Hillier-See in Australien ist komplett pink – niemand weiß sicher, warum. Theorien besagen, dass es an einer bestimmten chemischen Zusammensetzung oder an Bakterien liegt.

Es gibt Zucker auf anderen Planeten.

In der Nähe großer Städte ist Regen samstags am wahrscheinlichsten. Das liegt an der Luftverschmutzung, die sich während der Woche aufbaut und zur Wolkenbildung beiträgt.

Im Golf von Alaska treffen zwei Ozeane aufeinander, das Wasser vermischt sich jedoch nicht. Grund ist der Unterschied in Salzgehalt und Dichte.

Der Nordpol liegt in keiner Zeitzone.

In den 50er-Jahren planten die USA, eine Atombombe auf dem Mond detonieren zu lassen.

Der Jupiter schrumpft zwei Zentimeter pro Jahr.

Laut offiziellen Transkripten der NASA ist schwebender Kot im All ein häufiges Problem.

Eine Weltraumkolonie sollte aus mindestens 160 Menschen (80 Männern, 80 Frauen) bestehen, um Inzest und daraus resultierende genetische Krankheiten zu minimieren.

Die Arktis war noch vor 3,6 Millionen Jahren eisfrei. Vor 55 Millionen Jahren wuchsen in der Arktis Palmen.

Der Amazonas floss bereits auf dem Urkontinent Godwana – allerdings in umgekehrter Richtung.

Die NASA verwendet den Film »Armageddon« als Teil ihres Trainingsprogramms. Dabei werden die Teilnehmer aufgefordert, so viele Ungenauigkeiten oder falsche Informationen in dem Film zu finden wie möglich – bisher wurden 168 aufgespürt.

Das Universum ist
Doughnut-
förmig.

Technisch gesehen, ist die Antarktis die größte Wüste der Welt – die Definition einer Wüste umfasst nämlich nur die Menge des Niederschlags, der dort fällt.

Der Mond riecht nach Schießpulver.

Der bisher größte magnetische Sturm erreichte die Erde im Jahr 1859. Aufgrund des Sturms waren Polarlichter sogar in Rom und Havanna sichtbar.

In 220 Millionen Jahren werden Europa und Nordamerika zu einem Kontinent.

Über dem Mekong-Fluss in Südostasien werden immer wieder unerklärte Feuerbälle gesichtet.

Der Kratersee Kawah Ijen in Java ist so säurehaltig, dass Aludosen in seinem Wasser aufgelöst werden können.

Die Erde wird jeden Tag um 100 Kilogramm schwerer.

Drei Milliarden Jahre bevor die Sonne stirbt, verdampfen auf der Erde bereits die Ozeane.

Im Inselstaat Nauru sind 94,5 Prozent der 15-Jährigen übergewichtig.

Pro Sekunde fließt im Golfstrom mehr Wasser als in allen Flüssen der Welt zusammen.

Das ARKYD-Weltraumteleskop wird über eine Kickstarter-Kampagne finanziert. Es soll das erste Weltraumteleskop werden, auf das die Öffentlichkeit Zugriff hat.

Der kälteste Punkt im Universum hat minus 272 °C und liegt im Bumerang-Nebel.

Ab 2040 ist die direkte Schiffsroute über den Nordpol ohne Eisbrecher passierbar.

Der Nebenregenbogen hat die umgekehrte Farbreihenfolge des Hauptregenbogens.

Die Mondtäuschung ist die optische Illusion, dass der Mond in der Nähe des Horizonts größer erscheint, obwohl es dafür keinen physikalischen Grund gibt. Die Ursache dieses Phänomens ist nicht geklärt.

Wenn man die gesamte Küstenlinie Großbritanniens zu einer geraden Linie auseinanderziehen würde, würde diese bis Australien reichen.

In Kalifornien gibt es ein »Yolo County«.

Samoa hat 2011 beschlossen, offiziell von einer Seite der Datumsgrenze auf die andere zu wechseln. Darum gab es dort keinen 30. Dezember.

Surtsey ist eine Insel, die im Jahr 1967 durch einen Vulkanausbruch vor der isländischen Küste entstand. Bis zum Jahr 2100 wird sie durch Erosion wieder verschwunden sein.

Das Weltall riecht nach Metall.

Die Astronautin Sunita Williams lief als Erste einen Marathon im Weltall.

Auch der Mars und die Venus haben eine Ozonschicht.

Fred Hoyle, der den Begriff »Big Bang« (Urknall) prägte, wollte sich mit dieser Bezeichnung eigentlich über die dahinterliegende Theorie lustig machen.

Salami kann als Raketentreibstoff verwendet werden.

Als Goldlöckchen-Planet (»Goldilocks Planet«) bezeichnet man einen Planeten, dessen Position in Bezug zu seiner Sonne theoretisch Leben ermöglichen würde.

Auf den Pitcairn-Inseln leben insgesamt nur 48 Menschen.

Extraterrestrische Kryovulkane speien Eis anstatt Lava.

Einmal im Jahr wechselt der Tonle-Sap-Fluss in Kambodscha die Fließrichtung.

Am Äquator wiegt man weniger als am Nordpol.

Der tiefste im Universum entdeckte Ton ist 57 Oktaven tiefer als ein eingestrichenes C – er kommt im sogenannten Perseushaufen vor.

In der Schwerelosigkeit ist die Flamme einer Kerze rund und blau.

Im Zuge des »Lone Signal«-Projekts werden Tweets auf den Planeten Gliese 526, der ein Kandidat für außerirdisches Leben sein soll, übertragen.

Erdbeben mit über lange Zeitspannen gleichbleibenden Erschütterungen werden »harmonische Beben« genannt.

Die Schwerkraft des Mondes ist nicht der einzige Faktor, der Einfluss auf die Gezeiten hat – auch die Schwerkraft der Sonne spielt eine Rolle.

Die Hitze, die von der Korona der Sonne ausgeht, kann zwischen einer und zehn Millionen Grad Celsius liegen.

Das Erdbeben in Indonesien im Jahr 2004 war so stark, dass die Erdrotation um 2,68 Mikrosekunden beschleunigt wurde.

Nur zwei Länder der Erde grenzen an drei Ozeane: die USA und Kanada.

Der Neumond geht mit der Sonne auf und unter, der Vollmond geht bei Sonnenuntergang auf und bei Sonnenaufgang wieder unter.

Die Erde besitzt das stärkste Magnetfeld von allen Gesteinsplaneten des Sonnensystems.

Der Mond ist 81-mal leichter als die Erde.

Die Wissenschaft von der Geologie des Mondes heißt Selenologie (nach der griechischen Mondgöttin Selene).

Ein Marstag ist fast genauso lang wie ein Erdentag. Er dauert exakt 24 Stunden, 39 Minuten und 35,244 Sekunden.

Auf der Sonne kommen Tornados vor.

Neptun besitzt die stärksten Winde im ganzen Sonnensystem, die mit bis zu 2000 Kilometern pro Stunde über seine Oberfläche tosen.

Die Entfernung von Honolulu (Hawaii) nach New York ist größer als jene von Honolulu nach Japan.

Die USA würden etwas mehr als dreimal in den afrikanischen Kontinent passen.

Unter gewissen Bedingungen können sich im Meer unter Wasser riesige Eiszapfen (»brinicles«) bilden.

Neil Armstrong übte für die Mondlandung in einer isländischen Steinwüste.

Tsunamis bewegen sich in 4000 Meter Wassertiefe so schnell wie ein Flugzeug.

Durch das Unterseebeben am 11. März 2011 wurde die Erdachse um 17 Zentimeter verschoben. Seitdem sind die Tage auf der Erde um 1,8 Millionstel Sekunden kürzer.

Vor 4,5 Milliarden gab es auf der Erdoberfläche kein Wasser.

Ästuare sind Gewässer an Flussmündungen, die sowohl Salz- als auch Süßwasser enthalten.

Entfernte man alle Schiffe gleichzeitig aus den Weltmeeren, würde der Meeresspiegel um sechs Tausendstel Millimeter sinken.

Astronauten tragen auf dem Weg ins Weltall Windeln, da es beim Start zu einer Verlagerung des Blutdrucks kommt, sodass die Astronauten garantiert mal müssen.

Sonnenwinde lassen das Polarlicht knallen.

Der Mond entstand durch einen Zusammenprall der Erde mit einem marsgroßen Protoplaneten.

Ab einem Durchmesser von 1,5 Kilometern kann ein Asteroid das Leben auf der Erde vernichten.

An Bord der Raumstation ISS kann man 16 Sonnenaufgänge an einem Tag erleben.

Auf dem Mars schneit es.

Kein Gegenstand im Universum kann kälter sein als minus 273,15 Grad Celsius.

Ohne den Mond wären die Tage auf der Erde nur acht Stunden lang.

Astronauten sind im Weltall bis zu acht Zentimeter größer als auf der Erde.

Die menschliche Haut altert im Weltraum schneller.

An manchen Tagen ist über Havanna der sogenannte Sun Dog zu sehen, eine atmosphärische Störung in Form einer riesigen Kristallkugel.

Die Südhalbkugel der Erde ist um anderthalb Grad kälter als die Nordhalbkugel, obwohl sie sich näher an der Sonne befindet.

Der Flug zur Raumstation ISS dauert nur noch sechs Stunden.

Erdbeben lassen Goldadern wachsen.

Als das Universum entstand, war es 100 Quintillionen Grad heiß.

Standardkerzen sind Objekte im All, deren Helligkeit immer gleich ist.

Den Ring energiereicher Teilchen, die vom Magnetfeld der Erde eingefangen werden, nennt man Van-Allen-Gürtel.

Eiskörner, Graupel, Wolken und Schneeflocken sind Hydrometeore.

Die Grenze unseres Sonnensystems heißt Heliopause.

Hurrikan Sandy ließ 2012 den amerikanischen Kontinent erbeben.

Auf dem Planeten HD 189733b regnet es Glas.

Sandrosen, die in der Wüste wachsen, sind ein Mineral.

Der Sand der Sahara versorgt den südamerikanischen Regenwald mit mineralischen Nährstoffen.

Raketen produzieren beim Flug ins All Wolken, die in der Nacht leuchten.

Bis 2100 werden alle auf der Erde lebenden Spezies erfasst sein.

Die Erde brummt.

Bei von außen unsichtbaren Rutschbewegungen des Sandes beginnen Dünen in der Wüste zu summen.

Der Sand auf dem Mars ähnelt dem Sand von Hawaii.

Am Genfer See besteht Tsunamigefahr.

Es gibt Eis-Tsunamis.

Der Planet PH1 umkreist vier Sonnen. Bisher sind erst sechs Planeten mit mehr als einer Sonne bekannt.

Aus den Ringen des Saturns fällt Wassereis.

Bei einem Erdbeben der Stärke 10,6 bricht die Erdkruste auseinander.

Die Arktis ist nach dem Eisbären benannt. Das griechische Wort für »Bär« lautet »Arctos«.

Im Atlantik wechseln sich alle 20 bis 30 Jahre Warm- und Kaltperioden ab. Ist der Atlantik wärmer, regnet es bei uns im Sommer besonders häufig.

Es ist nicht bekannt, wann genau das Leben auf der Erde entstand.

Der Hurrikan Isaac ließ den Mississippi einen Tag lang flussaufwärts fließen.

Befindet sich viel Vulkanstaub in der Erdatmosphäre, schimmert der Mond blau.

In der Astacama-Wüste wurden 75 Walskelette gefunden.

Könnte man die Sonne wie eine Glühbirne einfach ausknipsen, würden die Menschen erst nach acht Minuten im Dunkeln stehen.

Bei einem Derecho-Sturm formen die Wolken der Gewitterfront ein riesiges C am Himmel.

Korsika wird jedes Jahr drei Millimeter näher an Italien geschoben.

Der Ausbruch des Vulkans Katmai 1912 kühlte das Weltklima für zwei Jahre ab.

Rippströme können Schwimmer vom Meeresufer mehrere Hundert Meter weit ins Wasser ziehen.

Der Pitch Lake in Trinidad besteht aus flüssigem Asphalt. Er ist 100 Meter tief.

60 Prozent des Regens stammt aus der Verdunstung von Pflanzen.

Das Ufer des Toten Meers ist der tiefste Punkt auf dem Festland der Erde. Es liegt mehr als 400 Meter unter dem Meeresspiegel.

In diesem Moment toben 1600 Gewitter auf der Erde.

Im Norden Frankreichs spazierte man vor 55 Millionen Jahren durch einen tropischen Dschungel.

Bei einer Markenanmeldung **in der Nizza-** Klassifikation 42 ist das **„Impfen von Wolken"** enthalten.

Sternschnuppen sind einen Millimeter groß.

Der heutige Sauerstoffanteil in der Erdatmosphäre entstand durch Vulkanismus.

Der Atlantik ist im Durchschnitt 3293 Meter tief.

Mammatus-Wolken sehen aus, als würde der Himmel voller Eier hängen. Rollwolken sehen aus wie eine lange runde Wurst.

2014 soll die Raumsonde Rosetta auf dem Kometen Churyumov-Gerasimenko landen.

Im Toten Meer gibt es keine Fische.

70 Prozent der Masse im Weltall besteht aus unsichtbarer dunkler Materie.

Meteorologen können aus der Signalstärke von Handyverbindungen die Niederschlagsintensität ablesen.

Windkrafträder bremsen den Wind um bis zu 60 Prozent.

Sollte Grönland komplett abtauen, steigt der Meeresspiegel um sieben Meter.

Gewitter auf dem Saturn können die Größe Europas haben.

Vor unserem Universum gab es vermutlich ein anderes, das kollabierte.

Wolken und Nebel speichern 0,03 Prozent der gesamten Süßwasservorräte der Erde.

Schönwetterwolken werden meist nur Minuten alt.

Unsere Sonne ist heute 40-mal heller als bei ihrer Entstehung.

Blauthermik ist eine Thermik, bei der keine Wolken entstehen.

Die Eisschicht über dem Südpol ist drei Kilometer dick, über dem Nordpol vier Meter.

Im Sommer dreht sich die Erde schneller als im Winter.

Da sich die Erde schneller drehte als gedacht, entfiel die geplante Schaltsekunde 2010.

Bis 2019 will die NASA einen Asteroiden einfangen.

Durch die Gezeiten senken und heben sich die Landmassen der Erde um einen halben Meter.

Auf den Ozeanen regnet es mehr als an Land.

Beim Einschlag des Meteoriten über dem russischen Tscheljabinsk im Jahr 2013 erreichten 10 000 Tonnen Gestein die Erdoberfläche.

Im Wüstensand leben mehr Bakterienarten als im Regenwald.

Seit 2010 wird die Sonne von der NASA permanent überwacht.

Auch auf dem Jupiter gibt es Polarlichter.

Der Mond entfernt sich jedes Jahr 3,8 Zentimeter von der Erde.

Der gegenwärtig auf der Erde vorhandene Sauerstoff reicht für 10 000 Jahre.

In drei bis fünf Milliarden Jahren stoßen die Milchstraße und die Andromedagalaxie zusammen.

Der Mond bebt 500-mal im Jahr.

Pluto wurde bereits 1915 fotografiert. Allerdings wurde der Planet auf den Bildern übersehen und erst 15 Jahre später entdeckt.

Die Ringe des Saturns bestehen aus Stein.

Wäre die Erde ein Schwarzes Loch, müsste sie bei gleicher Masse neun Millimeter groß sein.

Auf der Venus regnet es Schwefelsäure.

Der Meteorschauer im August, die sogenannten Perseiden, entsteht, weil die Erde in dieser Zeit durch eine Staubwolke im All fliegt.

Es gibt pinkfarbene Planeten im All.

Steht man am Meer, befindet sich der Horizont in etwa fünf Kilometer Entfernung. Auf der Zugspitze ist der Horizont etwas weniger als 200 Kilometer entfernt.

Noch immer wissen Astronomen nicht, wie der Ameisennebel zu seiner Form gekommen ist.

Der Mars hatte eine Atmosphäre, verlor den Großteil davon aber vor vier Milliarden Jahren.

Die Luft auf dem Mars besteht zu 96 Prozent aus Kohlendioxid.

Jeden Tag erreichen die Erde 100 Tonnen Weltraumstaub.

Der Saturnmond Thetys besteht aus Eis.

Im Inneren der Erde ist es genauso heiß wie an der Oberfläche der Sonne.

90 Prozent der Vulkane brechen unter Wasser aus.

Vier Kilometer unter dem Amazonas verläuft ein weiterer Fluss, in dem das Wasser auf einer Länge von 6000 Kilometern mit einer Geschwindigkeit von wenigen Metern im Jahr fließt.

Der trockenste Ort der Erde liegt in der Antarktis. Es hat dort seit Millionen Jahren nicht mehr geregnet.

Seit 2006 ist Pluto kein Planet mehr.

Das Gewicht der Sonne nimmt jede Minute um 70 Milliarden Kilogramm ab.

Forscher bestimmten die Zusammensetzung der Uratmosphäre anhand versteinerter Regentropfen.

Das größte dauerhaft in der Antarktis lebende Landtier ist eine Mücke.

Der Ayers Rock in Australien rostet.

Während der letzten Eiszeit war England keine Insel, sondern mit dem Rest Europas verbunden.

Nach einem Ausbruch im Jahr 1980 war der Vulkan Mount St. Helens statt 2950 nur noch 2549 Meter hoch. Die übrigen 401 Meter wurden weggesprengt.

Das Landeteam der Apollo-17-Mission verbrachte ganze drei Tage auf der Mondoberfläche.

Es waren noch nie mehr als 13 Menschen gleichzeitig im Weltall.

Gold kommt auch im Universum nur sehr selten vor, da es wahrscheinlich nur durch Gammablitze entstehen kann.

Am 31. Oktober 2011 wurde der siebenmilliardste Mensch geboren.

Jeden Tag wird ein Weltraumwetterbericht veröffentlicht.

Beim Mögel-Dellinger-Effekt kommt es zum Ausfall sämtlicher Radio-übertragungen über Kurzwelle. Der Effekt, aufgrund seiner Dauer auch »Tote Viertelstunde« genannt, wird durch besonders intensive Sonnenstürme verursacht.

Das bisher größte im Weltall entdeckte Schwarze Loch dürfte nach den bisherigen Erkenntnissen der Wissenschaft nicht existieren.

Die Sonne dreht sich innerhalb von etwa 25 Erdentagen einmal um sich selbst.

Der Sowjetunion gelang die erste Landung einer Sonde auf dem Mars. Sie arbeitete für 20 Sekunden, bevor sie von einem Sandsturm zerstört wurde.

Auf dem Mond gibt es Wasser. Es stammt von der Erde.

Bis ins 20. Jahrhundert waren auf Landkarten Afrikas die Kong-Berge eingezeichnet. Das Gebirge gab es jedoch nie, es handelte sich um eine Fälschung des Geologen James Rennell.

SELTSAME WISSENSCHAFT

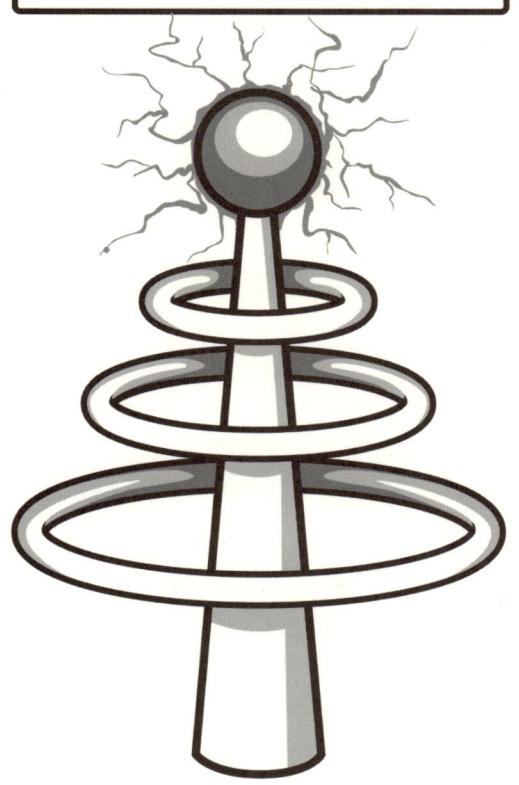

»Donaldismus« ist die Wissenschaft rund um Donald Duck und Entenhausen.

Der alternative Ig-Nobelpreis zeichnete unter anderem eine Untersuchung darüber aus, warum schwangere Frauen das Gleichgewicht nicht verlieren.

Ochlokinetik behandelt das Phänomen, dass Menschen in Gruppen einander unweigerlich im Weg stehen.

Albert Einstein trug fast nie Socken.

Gargalesis ist der wissenschaftliche Begriff für eine Kitzelattacke.

Wenn man 37 037 mit einer einstelligen Zahl multipliziert und das Produkt danach mit 3, wird jede Ziffer des Ergebnisses die beliebige einstellige Zahl vom Anfang sein.

Der Wissenschaftler Yuri Struchkov veröffentlichte in den Jahren 1981 bis 1990 ganze 948 wissenschaftliche Artikel – das ist einer alle 3,9 Tage.

Ein Ritter mit voller Rüstung schaffte es nur, mit einer Höchstgeschwindigkeit von fünf bis sechs Kilometern pro Stunde zu laufen.

Eine wissenschaftliche Studie kam zu dem Schluss, dass Menschen, die glauben, schlecht riechende Füße zu haben, tatsächlich schlecht riechende Füße haben.

Vier Stunden vor seinem Tod aß Gletschermumie Ötzi Hirschfleisch.

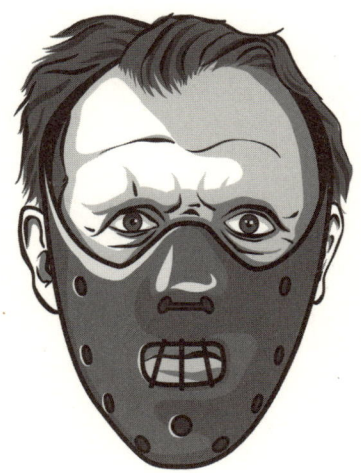

Die Wendigo-
Psychose besteht
in dem starken Verlangen,
Menschenfleisch
essen zu wollen.

In der Studie »Salmonella excretion in joy-riding pigs« wurde untersucht, wie sich ein Ausflug im Transporter auf die Salmonellendichte im Schweine-kot auswirkt.

Der Amerikaner Jay Schiffman erfand ein Gerät namens AutoVision, mit dem man gleichzeitig Auto fahren und fernsehen konnte. Dieses war zumindest vorübergehend im Staat Michigan auch legal.

Grigori Perelman, ein russischer Mathematiker, löste ein 100 Jahre altes ma-thematisches Rätsel und verweigerte die Million Dollar, die dafür ausgeschrie-ben war, da er von der Mathematik desillusioniert war.

Die University of Essex bietet eine Lehrveranstaltung unter Wasser an.

Nach der Prüfungszeit besprühen sich die Studenten in Oxford mit Champagner und bewerfen sich mit Mehl.

Der »Hofstadter-Schmetterling« ist der Name einer Fraktalstruktur.

In der Zeitschrift »Annals of Improbable Research« werden fiktive oder auch reale Experimente mit abwegiger Thematik publiziert. Allerdings muss zumindest ein ernst gemeinter Forschungsbeitrag mit kuriosem Thema darunter sein.

Ryan Shaun Baker schrieb einen wissenschaftlichen Artikel mit dem Titel »Die schlafverzögernde Wirkung meiner Ex-Freundin«.

Laut einer Studie ist der US-Bundesstaat Kansas flacher als ein Pfannkuchen.

Das »Internet Protocol over Avian Carriers« (IPoAC, deutsch etwa »Internet-Protokoll mittels gefiederter Träger«) ist ein Netzwerkprotokoll für drahtlose Punkt-zu-Punkt-Verbindungen mittels Brieftauben. Es ist aus einem Aprilscherz entstanden.

Die »Association for Graveyard Studies« untersucht Friedhöfe.

Das Benford'sche Gesetz besagt, dass die Ziffer 1 häufiger am Anfang einer Zahl vorkommt als andere Ziffern.

Die »Flat Earth Society« initiiert Online-Debatten darüber, ob die Erde eine Scheibe ist.

Das Mierscheid-Gesetz ist ein satirisches Wahlprognoseverfahren, das besagt, dass der Stimmenanteil der SPD immer mit der deutschen Rohstahlproduktion im Jahr der Bundestagswahl einhergeht. Überraschenderweise wurden damit oft bessere Wahlprognosen gestellt als mit offiziellen Methoden.

Die Optografie bezeichnet die Pseudowissenschaft, dass das letzte Bild, das ein Lebewesen vor dem Tod sieht, auf dem Auge fixiert wird.

Bei Feenkreisen handelt es sich um geheimnisvolle, runde Flecken im Gras. Bisher wurden diese nur in Namibia entdeckt.

Brummton-Phänomen (englisch »The Hum« oder »Taos Hum«) ist der Name dafür, dass aus vielen Orten der Welt berichtet wird, dass eine bestimmte Anzahl Personen wiederholt einen Brummton wahrnehmen, für den es keine erkennbare Ursache gibt.

Eine Fantastilliarde ist ein fiktives Zahlwort für eine sehr große, aber unbestimmte Zahl.

Pinguin-Diagramme erhielten ihren Namen wegen eines verlorenen Dartspiels. Laut dem Erfinder hatte er bei einer Wette vereinbart, dass er, wenn er beim Dartspiel verlieren würde, in seiner nächsten Fachveröffentlichung das Wort »Pinguin« verwenden müsste.

Smoot ist eine Maßeinheit, die aus einem Spaß einer Studentenverbindung entstand: Mit ihr wird ausschließlich die Länge der Harvard Bridge gemessen.

Die »Wurstkatastrophe« ist ein Problem der Mathematik.

Wenn man seine Arme beim Gehen nicht mitschwingt, verbraucht man zwölf Prozent mehr Energie.

Hämorrhoiden-Creme wirkt auch gegen dunkle Augenringe und Fieberblasen.

Die PIGPEN-Therapie ist eine nicht ernst gemeinte Behandlungsmethode für Kopfläuse: Demnach sollen Eltern ihren Kindern Geld geben, damit diese sich gegenseitig regelmäßig nach Nissen absuchen.

Stephen Hawking hat eine Party für Zeitreisende veranstaltet – und sie erst am Tag danach angekündigt.

Die Toilettenkabine, die sich am nächsten zum Eingang befindet, weist am wenigsten Bakterien auf.

Auf Mark Zuckerbergs erster Visitenkarte stand:

I`m CEO, Bitch.

mark zuckerberg

facebook CORPORATE HEADQUATERS
3156 university avenue, palo alto, 94301-1605
phone: 650-543-4800 fax: 650-543-4801

Eine Gruppe Volksschulkinder hat einen wissenschaftlichen Artikel zum Thema Hummeln in einem bekannten britischen Wissenschaftsjournal veröffentlicht.

Albert Einstein arbeitete auf dem Oktoberfest.

Die sogenannte Bios Urn ist eine Urne aus Bio-Bestandteilen, die einen Baum-samen enthält – nachdem man die Asche eines Hinterbliebenen eingefüllt hat, wächst daraus ein Baum.

Ein »High Five« gelingt immer, wenn man seinem Gegenüber dabei auf den Ellenbogen schaut.

Ein Wissenschaftler kochte sich aus einem 36 000 Jahre alten Bison einen Eintopf und fand ihn »akzeptabel«.

Das Lied »Weightless« von Marconi Union wurde mit Unterstützung von Wis-senschaftlern geschrieben – es soll sich um den entspannendsten Song der Welt handeln.

Das Mikromort ist eine Maßeinheit für das Risiko zu sterben. Ein Mikromort entspricht einer Wahrscheinlichkeit von 0,000001 (eins zu einer Million) zu sterben.

»Bläuliches Gelb« und »rötliches Grün« gehören zu den »unmöglichen Farben« – Farben, die Menschen unter normalen Umständen nicht wahrnehmen können.

Es gibt 6.670.903.752.021.072.936.960 verschiedene 9x9-Sudoku-Kombinati-onen.

Der Wissenschaftler Burrhus Frederic Skinner brachte Tauben das Klavierspielen bei.

Die »Science Cheerleaders« sind eine Gruppe ehemaliger professioneller Cheerleader, die nun die Wissenschaft »anfeuern«.

Laut dem Doomsday-Argument, einer mathematischen Überlegung, stirbt die Menschheit mit 95-prozentiger Wahrscheinlichkeit in den nächsten 9120 Jahren aus.

Ein Skatologe ist ein Experte für Exkremente.

Marilyn Monroe hatte einen IQ von 168 – also einen höheren als Albert Einstein (auch wenn Einsteins IQ nur geschätzt werden kann).

Die »Dunkelbirne« verbreitet Dunkelheit statt Licht – es handelt sich dabei um einen wissenschaftlichen Witz, der in den Comics auch Daniel Düsentrieb als Erfindung zugeschrieben wurde.

Beim Heißköpfigen Nackteisbohrer (»hotheaded naked ice borer«) handelt es sich um eine von der Zeitschrift »Discover« als Aprilscherz erfundene fiktive Tierart.

Laut einer wissenschaftlichen Theorie vergeht die Zeit immer langsamer.

F. D. C. Willard war eine Siamkatze, die als einzig bekannte Katze zwei Arbeiten zur Tieftemperaturphysik in wissenschaftlichen Fachzeitschriften veröffentlichte. Der Grund: Ihr Besitzer benötigte einen Koautor für die Artikel.

Als »Magic Smoke« wird scherzhaft eine fiktive Substanz bezeichnet, die für das Funktionieren von elektrischen Bauelementen verantwortlich sein soll.

Das Museum of Jurassic Technology in Los Angeles stellt fiktive archäologische und historische Gegenstände aus.

In »Richard Wagners Ring der Nibelungen im Lichte des deutschen Strafrechtes« wird die Handlung aller vier Nibelungen-Opern mit dem deutschen Strafgesetzbuch auf dem Stand von 1968 abgeglichen. Jede einzelne »Straftat« wird bewertet und mit einem Strafmaß versehen.

Das Fabelwesen, das den Körper eines Hasen mit dem Geweih eines Rehbocks verbindet, heißt Rasselbock.

Write-Only-Memory ist der scherzhafte Gegenbegriff zu Read-Only-Memory – also ein Speichermedium, dessen Inhalt nie abgerufen werden kann.

Auf der Rückseite des Friedensnobelpreises sind drei nackte Männer abgebildet, die einander die Hände auf die Schultern legen.

Bill Gates besitzt das Patent für eine Maschine, die Ozeane abkühlen kann, um Hurrikane zu stoppen.

Um zu testen, ob eine Toilette die DIN-Norm erfüllt, benutzen die Tester selbst gebaute Normprüfkörper aus befüllten Kunstdärmen als Kotersatz.

Bei einem Test spielte man Probanden die Silben »ba ba« vor, zeigte ihnen jedoch gleichzeitig eine Lippenbewegung, die die Silben »ga ga« formte. 98 Prozent der Probanden gaben an, die Laute »da da« gehört zu haben.

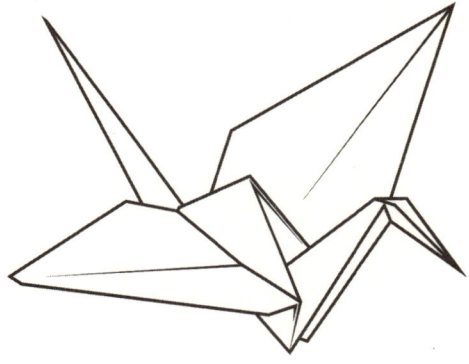

Wenn man 1000 Origami-Kraniche faltet, **wird einem laut** japanischer Überlieferung ein Wunsch **von einem** Kranich erfüllt.

Die Gelotologie beschäftigt sich mit der Auswirkung des Lachens auf den menschlichen Körper.

Der Golfplatz ist einer der gefährlichsten Orte bei Gewitter.

Je höher die Temperatur in einem Supermarkt ist, desto schwerer können Kunden sich für ein Produkt entscheiden.

Die Idee zum Post-it hatte Arthur Fry bei einer Probe des Kirchenchors.

Je mehr Schokolade in einem Land gegessen wird, desto größer ist die Anzahl an Nobelpreisen pro Einwohner.

Lehnt man sich beim Betrachten des Eiffelturms nach links, sieht er kleiner aus.

Es ist nicht möglich, im Weltall ein nasses Handtuch auszuwringen. Das Wasser bleibt am Handtuch und an den Händen »hängen«.

Der japanische Wissenschaftler Dr. Noriyasu Ando hat Motten beigebracht, ein Roboterauto zu steuern.

Der Berliner Nachthimmel ist zehnmal heller als eine normale mondlose Nacht.

Jeder dritte Wissenschaftler schummelt.

Bill Gates unterstützte den Bau eines Moskito-Lasers, mit dem innerhalb von Stunden Milliarden Mücken getötet werden können.

Lässt man Mütter an vollen Windeln fremder Kinder und des eigenen Kindes riechen, erkennt die Mutter, welche Windel von ihrem Kind stammt.

Brieftauben sind schneller als die Post.

Es gibt eine Software, die den Erfolg von Filmen anhand des Drehbuchs vorhersagen kann.

Mittels Software lässt sich erkennen, ob ein Mann oder eine Frau einen Text geschrieben hat.

Die Triangel ist ein Idiophon.

Der Wissenschaftler Stubbins Ffirth trank Gelbfiebererreger, um zu beweisen, dass diese nicht ansteckend sind.

1964 konstruierte José M. R. Delgado mittels Elektrodenimplantaten einen ferngesteuerten lebenden Stier.

Chinesische Forscher ließen Insekten mittels Ultraschallwellen in der Schwerelosigkeit fliegen.

Chemtrail-Verschwörer glauben, dass die Kondensstreifen von Flugzeugen genutzt werden, um das Weltklima zu beeinflussen und gegen andere Staaten subtil Krieg zu führen.

Luther Burbank züchtete Ende des 19. Jahrhunderts erstmals die Kartoffel, aus der die McDonald's-Pommes gemacht sind.

Um besseren Espressoschaum herstellen zu können, will Nestlé Experimente auf der Internationalen Raumstation durchführen.

Formel-1-Rennfahrer schütten doppelt so viel Adrenalin aus wie andere Sportler.

Nikola Tesla arbeitete an der Erfindung von Todesstrahlen.

1963 teilte man Stephen Hawking mit, er hätte nur noch zwei Jahre zu leben.

Rund um Flughäfen regnet es häufiger.

Die Zahl der MRSA-Stämme, also von Bakterien, die gegen sämtliche bekannten Antibiotika resistent sind, wächst ständig.

Der Forscher Yasuhiro Oikawa versucht, Wörter an der Bewegung der Haut des Halses zu erkennen. Eines schafft er schon: tawara, das japanische Wort für »Strohballen«.

Friedrich Nietzsche lebte als Staatenloser.

Infiziert man eine gewöhnliche Geige mit den Pilzen Physisporinus vitreus und Xylaria longipes, klingt sie wie eine Stradivari.

Pilze sind weder Pflanzen noch Tiere.

Australische Wissenschaftler haben ein Bier entwickelt, das trotz Alkohols keinen Kater macht.

Bei der Datenmassage handelt es sich um eine Manipulation wissenschaftlicher Forschungsergebnisse.

Beim Archaeoraptor, einem als Bindeglied zwischen Dinosauriern und Vögeln weltberühmt gewordenen Fossil, handelt es sich um eine Fälschung aus zwei Skeletten.

Die »Mona Lisa« ist auf ein Stück Pappelholz gemalt.

Lamarckismus ist die Fähigkeit, Eigenschaften, die man selbst in seinem Leben erworben hat, an seine Nachkommen genetisch zu vererben. Bis heute ist nicht bewiesen, dass es diese Fähigkeit gibt.

Die härtesten Schüsse beim Fußball sind über 200 Kilometer pro Stunde schnell.

Der Wissenschaftler William T. Summerlin behauptete, als Erster weißen Mäusen die Haut von schwarzen Mäusen transplantiert zu haben. Später stellte sich heraus, dass er für seine »Transplantation« einen schwarzen Filzstift benutzt hatte.

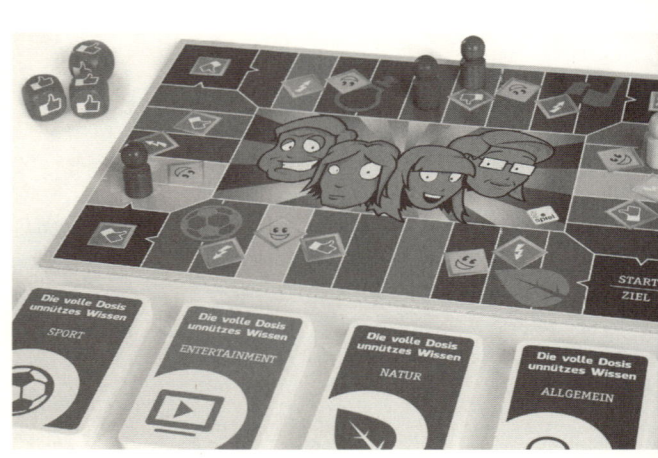

Der Kult aus Facebook

Mit zugehaltener Nase kann man nicht summen.

Leonardo da Vinci malte zehn Jahre an Mona Lisas Lippen.

Ameisen fallen immer nach rechts um, wenn sie vergiftet werden.

208 Seiten
Preis: 8,99 € (D) | 9,30 € (A)
ISBN 978-3-86883-201-3

Nutella hat Licht-schutzfaktor 9,7
Die volle Dosis unnützes Wissen

Diese und über 2000 weitere unglaubliche, spannende und skurrile Fakten aus allen Bereichen des Lebens beinhaltet dieses Buch. Zusammengestellt wurden sie auf der großen Facebook-Seite »Unnützes Wissen«, die täglich Hunderttausende Fans begeistert.